“十二五”辽宁省重点图书出版规划项目

三友会计论丛 第**18**辑

SUNYO ACADEMIC SERIES IN ACCOUNTING

中国政府内部控制理论建构与标准体系研究

唐大鹏 著

Research on the Theory
Construction and Standard
System of Chinese
Government Internal Control

东北财经大学出版社
Dongbei University of Finance & Economics Press | 大连

图书在版编目（CIP）数据

中国政府内部控制理论建构与标准体系研究 / 唐大鹏著. —大连：
东北财经大学出版社，2021.5
（三友会计论丛·第18辑）
ISBN 978-7-5654-4178-3

Ⅰ．中… Ⅱ．唐… Ⅲ．政府审计 – 内部审计 – 研究 – 中国
Ⅳ．F239.44

中国版本图书馆CIP数据核字（2021）第066485号

东北财经大学出版社出版
（大连市黑石礁尖山街217号 邮政编码 116025）
网 址：http：//www.dufep.cn
读者信箱：dufep@dufe.edu.cn
大连永盛印业有限公司印刷 东北财经大学出版社发行
幅面尺寸：170mm×240mm 字数：210千字 印张：11 插页：1
2021年5月第1版 2021年5月第1次印刷
责任编辑：王 丽 王 斌 责任校对：曲以欢 魏 巍
封面设计：冀贵收 版式设计：钟福建
定价：48.00元

教学支持 售后服务 联系电话：（0411）84710309
版权所有 侵权必究 举报电话：（0411）84710523
如有印装质量问题，请联系营销部：（0411）84710711

前　言

党的十九届四中全会通过的《中共中央关于坚持和完善中国特色社会主义制度 推进国家治理体系和治理能力现代化若干重大问题的决定》强调"坚持权责法定，健全分事行权、分岗设权、分级授权、定期轮岗制度，明晰权力边界，规范工作流程，强化权力制约"，从国家治理和依法治国的高度推动了政府内部控制理论的发展。中国特色社会主义进入了新时代，政府内部控制在中国特色社会主义根本制度、基本制度和重要制度的指导下，成为宏观政策法规制度落地的微观机制，通过政府"花好钱"倒逼"做好事"和"管好人"，从系统论视角对权力配置、政府履职、经济活动进行串联，保障财政财务工作"苦练内功"，紧密围绕中央决策部署高效安全运行，完成从"立规矩"到"见成效"的根本转变，也将"初心"和"使命"落实于内部控制的运行合规和履职高效的双重目标中。实践证明，健全有效的内部控制是政府切实加强组织内部管理的重要举措。相比企业和先发国家政府而言，我国政府内部控制研究较为滞后，目前尚未形成一套科学有效的理论体系。如何构建符合我国制度优势的政府内部控制理论框架和标准体系是需要高度重视和亟待解决的问题。笔者所在的东北财经大学中国内部控制研究中心科研团队对这个问题进行了长达十余年的跟踪研究，并承担了财政部世界银行项目"中国政府内部控制标准体系研究"[①]，以理论建构成果，致力于创设一套符合习近平新时代中国特色社会主义思想要求的政府内部控制标准体系及其实施机制。

本书认为，政府内部控制是有别于行政事业单位内部控制和财政内部控制的一种较为宏观的政府治理模式。本书结合国家治理和依法治国、公共选择和公共风险、公共管理与公共财政、政府治理与内部控制相关理论基础，采用规范研究与实证研究相结合的研究方法，通过科学的理论推演、政策分析和文献研究以及法律法规对标、问卷调查、实地调研和个案研究等方法得出研究结论。

首先，本书认为政府内部控制标准体系的构建应重点关注以下两方面内容（"纵向到底"和"横向到边"）：一方面，"纵向到底"是指明确界定政府内部控制主体，政府内部控制制度与单位内部控制制度相比具有管理主体更广泛、更全面的制度优势，其不再仅仅是针对微观主体的内部控制，而是扩展为以宏观的"大政府"为主体的内部控制。政府内部控制涵盖的主体既包括制定政策的政府及其组成部门，又包括具体执行政策的微观单位，适用主体的扩展标志着政府内

[①]　"中国政府内部控制标准体系研究"项目是世界银行贷款"中国经济改革促进与能力加强"技术援助项目中的一个子项目。

部控制管理内容的延伸。另一方面，"横向到边"是指重点拓展政府内部控制范围，包括全行业和全业务的覆盖，具体结合党的十八届四中全会、十九大和十九届四中全会提出的政策要求，提出政府内部控制的管控范围应从单纯的经济活动逐步扩展到权力运行和政府履职活动，以更全面地构建政府内部控制标准体系。基于此，本书提出政府内部控制标准体系应包含基本理论框架、风险评估和控制方法、政府治理环境、业务活动（履职活动和经济活动）、信息系统、评价监督等六个部分。

其次，本书的创新点体现在以下四个方面：一是建立了宏观经济学视角下基于公共产权和国家契约的政府内部控制经济理论；二是建立了基于中国特色社会主义理论的法治政府治理体系和治理能力应用的内部控制制度理论；三是建立了基于政府内部控制制度的政府战略决策支持、预算绩效管理、政府会计核算、政府综合财务报告、政务管理信息化的大管理会计理论；四是首次采用全国内部控制报告分析、典型案例分析、问卷调查分析和调研试点等四种方法，以及将定性与定量研究相结合、规范研究和实证研究有机衔接的财政政策与会计制度研究方法。

最后，本书建议政府内部控制理论建构和标准体系可以从以下五个方面进行研究：一是强化需求更自发、更主动，强化供给更平衡、更充分；二是保障政府履职高质高效，强化政府行为合法合规；三是坚持因地制宜突出主业，实现分类试点分期推进；四是利用大数据技术"精准定位"，经济学逻辑"精准服务"；五是全面解构共性政策法规，系统厘清个性管理需求。

作　者
2021年3月

目　录

1 引 言

1.1 研究背景及意义

1.1.1 有利于建立国家治理与依法治国的政府内部控制实施落地机制

首先，本研究有利于形成政府内部控制成为国家治理实施机制的作用路径。本研究响应了党的十八届四中全会通过的《中共中央关于全面推进依法治国若干重大问题的决定》（以下简称《决定》）中所要求的，有助于落实"加强对政府内部权力的制约，是强化对行政权力制约的重点"的政策要求。本研究所构建的政府内部控制理论有助于厘清"对财政资金分配使用、国有资产监管、政府投资、政府采购、公共资源转让、公共工程建设等权力集中的部门和岗位实行分事行权、分岗设权、分级授权，定期轮岗，强化内部流程控制，防止权力滥用"的理论基础和内在逻辑。党的十九大明确全面推进依法治国总目标是建设中国特色社会主义法治体系、建设社会主义法治国家，并把坚持全面依法治国作为新时代坚持和发展中国特色社会主义的基本方略之一，强调要坚持依法治国、依法执政、依法行政共同推进，坚持法治国家、法治政府、法治社会一体化建设。我国《国民经济和社会发展第十三个五年规划纲要》中也提出"全面实施法治政府建设实施纲要，深入推进依法行政，依法设定权力、行使权力、制约权力、监督权力，实现政府活动全面纳入法治轨道。依法全面履行政府职能，完善行政组织和行政程序法律制度，推进机构、职能、权限、程序、责任法定化。完善重大行政决策程序制度，健全依法决策机制"。这既是本研究的政策背景，也是本研究的政策指导。

2019年10月31日，党的十九届四中全会通过了《中共中央关于坚持和完善中国特色社会主义制度 推进国家治理体系和治理能力现代化若干重大问题的决定》，在国家治理、推动高质量经济发展、权力监督等方面提出新要求，这对实现国家治理体系和治理能力现代化，巩固中国特色社会主义制度发展、充分展现社会主义制度的优越性具有重大意义。通过理论研究，进而加强对政府内部行政权力的制约是实现全面依法治国的重要途径，也是最终实现国家治理现代化目标的手段和路径（唐大鹏，王璐璐，2017）。全会提出："坚持和完善党的领导制度体系，提高党科学执政、民主执政、依法执政水平。"也就是说，必须坚持党领导一切，要把党的领导落实到国家治理各领域、各方面各环节。对于本研究来说，就是通过构建政府内部控制理论和标准体系来将党中央的决策部署形成一套科学的理论分析框架，并不打折扣地落实到每个微观单位的具体岗位职责和流程固化当中，既要明确岗位职责的范围边界，又要以流程固化权力运行路径。同时，全会提出："构建职责明确、依法行政的政府治理体系。"政府治理在国家治理中占主导地位，为国家治理的平稳有效运行创建了基本的制度环境。本研究构建的政府内部控制理论和标准体系有利于厘清宏观政策法规与政府内部控制的逻辑关系，有利于把所有的上位法、部门规章制度落地到政府部门及单位的具体可操作的制度中去，建立职责明确、依法行政的政府治理体系，并与全面依法治国的要求相匹配。因此，本研究的目的之一就是要立足于政府履职的要求，通过对内部控制理论建构、标准设计和实施反馈，将法律法规、部门规章的要求贯穿于政府内部权力运行、业务活动和经济活动的全过程中。也就是说，政府履职能力不仅体现在对制度安排的设计上，更体现在制度安排的执行中，是实现国家治理体系和治理能力现代化的重要突破口。因此，从制度建设和制度执行两方面对政府内部控制理论和标准进行探索，把权力关进制度的笼子，制约和监督国家权力的配置，保障政府权力运行、业务活动和经济活动的合规合法的内在机理则成为当务之急。

在坚持和完善中国特色社会主义制度优势的不断引导和推动下，政府内部控制理论建构和标准体系的研究厘清了提升国家治理体系和治理能力现代化的路径机制。国家治理是指通过配置和运行国家权力，对国家和社会事务进行控制、管理和提供服务，确保国家安全、捍卫国家权益、维护人民利益、保持社会稳定、推动科学发展，是国家共同体的总体治理。现阶段我国大力提倡加强国家治理体系和治理能力现代化建设，并从国家治理这一高度，对关于政府内部权力制约的研究提出了更为严格的要求。何显明（2013）认为，政府体制改革需先行确立现代国家治理体系建设的整体性思维，明确政府转型的战略目标与实现路径。唐大鹏等（2017）也提出，根据顶层设计先于制度建设原则，研究政府内部控制体系建设的先决条件是国家治理体系的完善与权力结构的优化。因此，不断提高对政府内部控制研究重点的认识，并逐步将其提升至国家治理层次，有利于构建更为科学的内部控制理论分析架构，探索更好地发挥政府功能的作用机制，也使政府内部控制标准研究成为完善国家治理体系和提升国家治理能力的有效手段，有助于实现国家治理现代化目标。

其次，本研究有利于建立政府内部控制作为依法治国的实施落地机制的理论逻辑。换言之，政府内部控制理论建构有助于将落实全面依法治国的战略目标和实现法治政府内部控制建设的内在关联建立起来。党的十八届四中全会审议通过的《决定》明确要求"深入推进依法行政，加快建设法治政府"，《国民经济和社会发展第十三个五年规划钢要》要求："坚持依法治国"，"各方面制度更加成熟更加定型，国家治理体系和治理能力现代化取得重大进展"。党的十八届四中全会明确全面推进依法治国的总目标是建设中国特色社会主义法治体系、建设社会主义法治国家。习近平总书记在中国共产党第十九次全国代表大会上的报告指出，把坚持全面依法治国作为新时代坚持和发展中国特色社会主义的基本方略之一，强调要坚持依法治国、依法执政、依法行政共同推进，坚持法治国家、法治政府、法治社会一体化建设，再次凸显了依法治国和国家治理在习近平新时代中国特色社会主义思想中的重要地位。政府内部控制理论和标准研究有助于落实依法治国，主要体现在以下三个方面：

第一，本研究有助于明确政府内部规章制度的建立健全的影响因素，从而规范政府内部权力运行并降低廉政风险，起到将"权力关进制度笼子"的作用。首先，规范性是法治的基本特征。相应地，合法合规是对权力运行的最基本要求，以此维护法治权威。根据控制对象的变化，合法合规目标要覆盖到全部权力运行。其次，要以上位法律法规作为权力运行的最低行为准则，全面梳理上位法律法规（既包括具体的法律、部门规章、规范性文件，还要包括党内纪律、国家大政方针以及道德规范等），解构各条款项目并据此设计政府内部控制制度。最后，要准确理解并遵从法律法规。马克思曾说："法律不是压制自由的手段……而是肯定的、明确的、普遍的规范。"政府内部控制以合法合规为目标，但绝非对权力运行"层层加码"。因此，应把握好"法无授权即禁止"与"法未禁止即自由"的关系，避免盲从。

第二，本研究有助于为厘清治理"不作为"的"另类腐败"提供制度环境，切实降低公共服务低效风险。首先，党的十九大明确了"全面从严治党永远在路上"，提出必须筑牢拒腐防变的思想防线和制度防线。政治体制改革要求各单位自发建立权力制衡和流程风险管控的内部控制制度，强化了反腐的控制目标。党的十九大报告中均强调要健全依法决策机制，防范公共资金支配权力的滥用，以保证权力运行科学规范。但加强权力约束又会出现控制设计不合理而降低公共服务效率或者导致官员不作为，这引发了对政府内部控制前瞻性研究设计的反思。另外，加强制度环境建设是反腐廉政建设的又一思路。国外研究一般使用"腐败透明度感知指数"衡量制度环境水平。在国家治理体系中，研究通过构建公开透明的制度环境，有助于引入监督机制，一定程度上转移政府内部制度规则安排的压力，为原则导向提供了可行的空间。

第三，本研究有助于构建依法治国在各级政府及同级政府部门间协同的具体落实标准，防范政策决策和执行的协调性风险。一个有效且覆盖范围广泛的政府内部控制体系研究是建立责任制政府所需的必要前提条件，是建成法治政府的基本要求。只有明确如何建立完善的政府内部控制体系，制约庞大的官僚机构以及官员自由裁量权的运用，才能依据特定的标准及流程实现良好控制，才能确保权力在规则的轨道上运行，从而有效防范腐败和舞弊问题。因此，政府内部控制标准体系研究是实现法治政府建设的基本要求。

1.1.2 有利于探索加快建设政府内部控制的科学实践路径

为深入贯彻落实党的十八大、十八届四中全会、十八届五中全会、十八届六中全会及十九大精神，财政部出台了一系列政策和措施。2012年11月29日，财政部发布了《行政事业单位内部控制规范（试行）》（财会〔2012〕21号）（以下简称《规范》）。2013年7月19日，财政部召开关于《规范》实施动员视频会议，促进全国各地积极推进单位内部控制建设工作。2014年10月，《财政部内部控制基本制度（试行）》正式发布，以此拉开了财政部门内部控制建设的序幕。2014年11月5日，财政部召开落实党风廉政建设主体责任和实施内部控制工作会议，部署落实主体责任和实施内部控制工作，并要求全国各级财政部门迅速行动，开展财政部门内部控制规范建设工作，全面推进行政事业单位内部控制建设工作。2015年12月4日，财政部发布了《关于加强财政内部控制工作的若干意见》（财监〔2015〕86号）。2015年12月21日，财政部发布了《关于全面推进行政事业单位内部控制建设的指导意见》（财会〔2015〕24号）（以下简称《指导意见》）。2016年6月，财政部发布《关于开展行政事业单位内部控制基础性评价工作的通知》（财会〔2016〕11号）。2016年8月，财政部发布了《关于全面推进财政内控建设的工作方案》。2016年10月8日，财政部印发了《会计改革与发展"十三五"规划纲要》（财会〔2016〕19号）（以下简称《纲要》）。2017年1月25日，财政部制定发布了《行政事业单位内部控制报告管理制度（试行）》，规范了行政事业单位内部控制报告的编制、报送、使用及报告信息质量的监督检查等工作。（其中，2016年、2017年和2018年全国各级各类行政事业单位报送的内部控制报告分别为48万份、52万份和53万份）这些举措持续推动了行政事业单位不断加强内部控制体系建设，为研究政府内部控制标准体系奠定了理论和实践基础。2017年上半年财政部要求报送分行业部门和分地区汇总整合的行政事业单位内部控制报告，在某种程度上吹响了政府内部控制标准体系构建的号角。同时，财政部将研究制定政府内部控制标准体系作为2018年至2020年的一项重要改革任务列入《会计改革与发展"十三五"规划纲要》，目标是到2020年基本建成与国家治理体系和治理能力现代化相适应的，权责一致、制衡有效、运行顺畅、执行有力、管理科学的内部控制体系。基于以上的政策背景和制度背景，政府内部控制研究从以下四个方面顺应时代要求并凸显实践价值：

第一，研究探索了新的社会主要矛盾下公共产品供给的政府制度创新实践路径。社会主要矛盾的新判断，实际是人民日益增长的需要从物质文化扩展到了民主、法治等更高层次和更宽领域，这是生产力发展决定的生产关系新变革（逄锦聚，2017）。其中，供给"不平衡"是新时代社会矛盾的主要方面，必须以优化结构来化解矛盾，打开管理创新的巨大潜力空间（贾康，苏京春，2016）。尤其在公共管理领域，公共产品供给还无法完全满足公众需求，政府改革的重点自然要落到服务效能建设上。因此，根据供给侧结构性改革的全要素安排，政府内部控制要不断优化资金、资源、劳动力、技术、制度等要素，完善政府自身建设并提高供给能力，从根本上化解社会主要矛盾。

第二，研究论证了"五位一体"总体布局中政府治理中内部控制的功能定位。强调总布局是因为中国特色社会主义是全面发展的社会主义，要按照这个总布局促进现代化建设各方面相协调。根据总体布局要求，有效的政府治理就是要发挥政府在经济、政治、文化、社会、生态文明等各领域中的全面主导作用。相应地，政府内部控制理论创新也要置于总体布局中，包括调整控制对象中的权力运行以加强政治建设，拓展控制目标中的公共服务效率效果以加强经济建设和社会建设，强化控制原则中的全面性和重要性以加强文化建设和生态文明建设，将政府在各领域的职能作为一体纳入宏观财政管理和微观单位内部控制，发挥财政财务管理在政治建设和经济建设中的纽带作用，进而通过二者强化对文化建设、社会建设和生态文明建设三大重点方向的财政保障。

第三，研究厘清了推进"四个全面"战略布局中权力运行监督的作用机制。现代化的国家治理体系本质上就是严格按照"法治"运行的规则治理体系，而法治发挥其规范功能的路径之一，就是规定权利与义务、权力与责任、行为模式与后果以及法律规范等。党的十八届四中全会强调了内部权力制约，并对政府内部控制的决策机制、问责制度、关键岗位和内部流程控制等提出具体要求。因此，政府内部控制可视为基于国家治理所构建的微观单位权力规范体系。另外，政府内部控制不仅要促进实现依法治国，还要为推进战略布局的各个方面提供保障。比如，全面深化改革中，要处理好政府与市场的关系，就需要健全依法决策机制及问责制度；全面从严治党中，将单位内部控制作为巡视问题发现的关键线索以及落实整改的有效工具（唐大鹏等，2017）。

第四，研究构建了政府内部控制要坚持"四个自信"中制度自信和文化自信理念的原则。中国特色社会主义法治应消除西方法治中心主义的影响，形成带有中国本土化"理解"和"吸纳"特征的法治模式（张文显，2015）。公共领域研究更是亟须立足于中国特殊的社会语境和制度情景，相应调整政府内部的结构关系、资源配置、运行机制和管理方式（薛澜等，2015）。应当说，新时代政府内部控制理论的生命力正是来源于对"四个自信"的坚持。在理论推演中，政府内部控制理论在借鉴了COSO以及美国联邦政府内部控制基础上，对理论框架、要素内涵等都有所创新。从印发《规范》到全面推进，单位内部控制建设的成功经验证明了理论的可行性和先进性，这不仅体现出高度的理论自信，更说明要坚持把单位内部控制基本原理同中国实践、时代特征相结合，以此进行政府内部控制的理论创新。

1.1.3 有利于完善中国特色社会主义政府内部控制理论体系

2019年10月31日，党的十九届四中全会通过了《中共中央关于坚持和完善中国特色社会主义制度推进国家治理体系和治理能力现代化若干重大问题的决定》，全会提出"坚持和完善社会主义基本经济制度，推动经济高质量发展"。这就要求建立一套能够界定"政府与市场"边界，发挥市场在资源配置中的决定作用，更好发挥政府宏观调控作用的政府内部控制体系。根据制度经济学的相关理论，政府内部控制是政府受托履职行为的过程控制与结果反映。因此，坚持和完善社会主义基本经济制度，推动经济高质量发展，需要探索政府在决策运行和业务履职方面的相关标准，使政府内部控制更好地划清政府权力范围，梳理政府与市场的关系，增强微观主体活力。同时，全会又提出"坚持和完善党和国家监督体系，强化对权力运行的制约和监督"。对政府的权力运行的制约和监督，不仅要依靠党的巡视、纪律检查等外部监督，更要依靠政府内部制度建设，用内部控制的手段从政府内部对公共权力进行监督。这就要求政府内部控制从政府业务履职和经济活动的过程控制出发，制定和完善相关业务、经济活动的流程和标准，将业务和经济活动的过程管理制度化、制度流程化、流程表单化，建立完善政府权力制约和监督体系。

目前，我国理论界关于政府内部控制的研究较少，且大多从审计视角或会计控制视角出发，缺乏对于政府权力运行机制的深入系统性研究。财政部会计司于2012年出台的《规范》，主要以规范行政事业单位经济活动的内部控制为主，尚未突出政府内部控制的特点，缺少对政府业务活动的控制和权力运行的制约。因此，开展"中国政府内部控制标准制定与实施机制研究"课题研究，是落实《会计改革与发展"十三五"规划纲要》研究制定政府内部控制规范的政策要求，也是进一步提高内部控制规范对于政府部门的适用性和全面性的一项重要研究任务。

改革政策的落地需要理论和实务研究作为基础，很长一段时间内，政府内部控制研究缺乏科学系统的逻辑框架，现有关于政府内部控制理论的不足主要表现在以下几个方面：第一，政府内部控制整体主要以宏观政府作为研究对象，但其内涵和外延问题仍存在争议（刘永泽和况玉书，2015）。对政府内部控制理论框架的理解已从实施目的、管理活动、集合体系等多视角展开，但完整规范框架的缺乏造成对内涵与本质的认识陷于"概念丛林"。第二，关于政府内部控制目标，学术界观点并不统一，基本经历了在COSO三目标基础上的扩展，后又逐步回归满足公共利益目标的过程。第三，就要素而言，大部分研究基本认可与CO-SO五要素形式趋同（樊行健和刘光忠，2011）。第四，关于组成内容，有学者认为中国政府内部控制可细分为政府部门内部控制、事业单位内部控制和政府间控制（刘永泽和况玉书，2015）。可见，政府内部控制是包含财政管理内部控制以及预算单位内部控制的广义概念。随着时间的推移，政策研究不断深入，本土化和系统化逐渐增强，但深度亟待提升。2012年至今，随着《行政事业单位内部控制规范（试行）》等一系列政策的颁布与实施，政府内部控制的主题探讨渐趋科学化和系统化。国外政府内部控制研究框架主要借鉴COSO《内部控制整体框架》，而中国政府内部控制研究应立足中国国情，解决中国实际问题，在财政部系列政策规范框架下科学设计研究框架和主题。对政府内部控制标准制定与实施机制进行研究，有利于完善中国特色社会主义制度下的内部控制理论。

党的十九届四中全会提出的我国的制度优势对建立政府内部控制标准体系具有直接指导意义。图1-1反映出党的十九届四中全会精神对政府内部控制的导向作用。

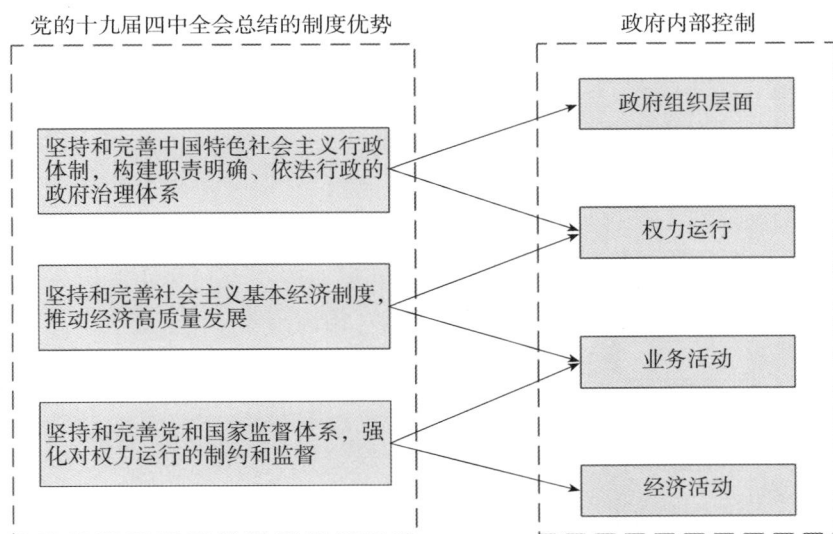

图1-1 党的十九届四中全会总结的制度优势与政府内部控制的关系

具体来说：

第一，研究建立了职责明确、依法行政的政府治理体系下的政府内部控制理论。权责法定下的三分一轮一流程作为政府内部控制建设要求，是供给侧结构性改革下制度供给不平衡不充分的具体应对措施。政府内部控制研究通过在各级政府、政府部门及部门内部机构之间构建职责清单和梳理工作流程，将党的政策和纪律、国家战略和法律法规、政府规划和部门规章逐条分解到内部管理制度和流程中，通过微观体制和机制建设真正实现机构职能、岗位权限、程序责任的微观法定化和法人责任化，最大程度地将确定性因素注入到不确定性中，防止政出多门、政策效应相互抵消，形成以防范化解公共风险为目标的政府治理体系和能力。

第二，研究构建了社会主义基本经济制度与政府内部控制的内在逻辑。政府内部控制研究和财务信息研究分别从制度经济学和信息经济学视角，提供了政府受托履职行为的过程控制与结果反映。一方面，政府内部控制研究有助于稳定政府决策力和执行力的市场预期，合理构建政府与市场边界，增强微观主体活力，激活蛰伏的发展潜能和创新动力；另一方面，政府内部控制研究有助于科学压缩不必要的支出，压减权力设租寻租空间，通过不断优化营商环境降低国内外投资者的制度性交易成本，在某种程度上是一种更加稳定而高效的减税降费。

第三，研究厘清了党和国家监督体系中政府内部控制的作用机理。政府内部控制研究有助于形成决策公平、执行公正、监督公开的政府公信力，深化标本兼治，推动审批监管、执法司法、工程建设、资源开发、金融信贷、公共资源交易、公共财政支出等重点领域的公权力监督长效机制，以岗位职责优化和工作流程再造一体化推进不敢腐、不能腐、不想腐的体制机制。

1.2　研究目标及研究原则

1.2.1　研究目标

本研究以"基本建成与国家治理体系和治理能力现代化相适应的，权责一致、制衡有效、运行顺畅、执行有力、管理科学的内部控制体系"为目标，通过对国内外有关政府内部控制理论及实践研究，构建出中国制度优势下的政府内部控制理论框架，并设计出一套符合中国国情的政府内部控制标准体系及其实施机制，进而推动我国各级政府逐步建立健全权责一致、制衡有效、运行顺畅、执行有力、管理科学的内部控制体系。具体来说，研究目标为以下三个方面：

第一，纵向扩展政府内部控制理论中的适用主体范围，即内部控制主体纵向到底。政府内部控制制度与单位内部控制制度相比具有管理主体更广泛、更全面的制度优势，其不再仅仅是针对微观主体的单位内部控制，而是扩展为以宏观的"大政府"为主体的内部控制。政府内部控制涵盖的主体既包括制定政策的政府及其组成部门，又包括具体执行政策的微观单位，适用主体的扩展标志着政府内部控制管理内容的延伸。政府内部控制涵盖的管理关系较之前也有更全面、更深入的发展，对政府行为的管理可谓"大小兼顾"。"大"，一方面体现在不同层级政府之间的上下级管理关系，即从对具体单位的管理延伸到中央、省、市、县、乡五级政府上下级之间的管理关系；另一方面体现在政府内部控制实现了对我国当下"大部制"体制改革的推动，政府部门间的合作日益增多，与此同时，联合发文的优势和弊端也一并呈现，为协调各部门之间的利益冲突，政府内部控制明晰界定政府中各职能部门的职责权限，使其在彼此制衡公权力行使的同时能够各司其职、各尽其力，进而守住政府履职的法律底线并积极追寻政府履职的绩效上限。"小"则体现在政府内部控制也包含对某一具体的政府职能部门内部上下级之间的管理关系，即行政主管单位对下属事业单位的管理关系。政府内部控制的管理关系凸显了政府治理的整体治理思想，有助于加快实现国家治理体系现代化。

第二，横向扩展政府内部控制理论中的业务管理范围，即内部控制客体横向到边。2012年出台的《行政事业单位内部控制规范（试行）》规定了内部控制的管控业务包含预算、收支、采购、资产、合同和基建六大业务；在2014年召开的党的十八届四中全会上审议通过的《中共中央关于全面推进依法治国若干重大问题的决定》中提出"对财政资金分配使用、国有资产监管、政府投资、政府采购、公共资源转让、公共工程建设等权力集中的部门和岗位实行分事行权、分岗设权、分级授权，定期轮岗，强化内部流程控制，防止权力滥用。"在此基础上，2015年财政部出台的《关于全面推进行政事业单位内部控制建设的指导意见》提出将内部控制管控范围从原来的经济活动拓展为权力运行、业务活动和重点领域经济活动；党的十九届四中全会对审批监管、执法司法、工程建设、资源开发、金融信贷、公共资源交易和公共财政支出等重点领域实施监督机制改革和制度建设。从政策的发展来看，原来的单位内部控制制度所涵盖的六大业务已经远远不能满足新时代政府治理的需要，政府内部控制范围亟须调整和扩展。因此，本研究的目标之一就是扩展内部控制管理范围，从原来的六大业务扩展为权力运行、业务活动和经济活动三个方面。

第三，构建适用于财政部门的大政府内部控制理论。解决财政部门的内部控制建设问题，构建一套适合财政部门内部控制建设的政府内部控制理论和标准是实现大政府内部控制体系的重要切入点。结合现阶段我国行政事业单位内部控制制度建设的不断推进和完善，实践中发现存在一些单位内部控制制度管理无法触及的"灰色地带"，随着单位内部控制建设的逐步完善，时常出现内部控制该管而因制度没规定单位无法插手的现象，单位内部控制存在一定的局限性。因此，亟须在单位内部控制制度的基础上建立适应新时代政府治理的政府内部控制制度体系。理论上，政府内部控制制度体系的建立可以采取"一套基本制度+若干行业制度"的制度体系模式。首先，应考虑建立一套以原则导向为主线，以"服务型政府"职能划分为基础的基本政府内部控制制度，负责指引各级政府及其组成部门及下属单位依法行政，高效履职。其次，应根据不同行业的行业特点和特殊的业务类型分行业制定适合各行业治理的行业内部控制制度，突出内部控制管理与行业业务的深度融合，使每个行业在实行内部控制时不再受到不适用的制度限制，而是在遵循一定的大原则下，建立各行各业可执行的行业内部控制制度。基本内部控制制度与分行业内部控制制度的完美配合即形成了适应新时代实现国家治理体系和治理能力现代化的内部控制制度体系。

1.2.2　研究原则

研究原则包括全面性原则、重要性原则、科学性原则等。

1）全面性原则

本研究遵循全面性原则，根据实现课题研究目标的需要选择相应的研究内容、研究方法，克服以往课题研究中的不足，即采用更为全面灵活的研究方法；选择包含中央、省、市、县、乡五级政府部门和单位作为研究对象，做到研究对象覆盖范围的全面性；在研究内容上，包含权力运行、经济活动和业务活动全覆盖，做到研究内容的全面性。

2）重要性原则

考虑到研究成本和效益，政府内部控制理论和标准体系课题研究遵循重要性原则，研究聚焦于政府内部控制理论和标准体系的顶层设计，重点研究政府内部控制高风险领域、主要经济活动和六大关键领域的重点业务，防范重大风险。从政府层面来看，获得与事权相匹配的财力是经济决策的前提。在以经济活动为主线的政府内部控制思路下，财力分配是政府内部控制中财政管理的决策起点，与国家治理目标具有一致性。

3）科学性原则

政府内部控制理论研究以政府内部控制实践为基础，以现有的政府内部控制政策为研究起点，把规范研究和实证研究相结合，坚持运用正确的思维和方法开展研究，即对当前政府内部控制理论进行演绎归纳和总结，在此基础上建立政府内部控制理论和标准体系，切实掌握全国各部门单位的政策需求，进一步推进政府内部控制规范标准制定与实施机制建设工作，从而保证研究的可行性和科学性。

1.3　研究框架和研究内容

本研究基于产权理论，研究发现政府内部控制并不等同于政府内部管理，其管控的范围应是政府内部运行和对外提供公共服务的各类风险，其目标是公共利益最大化，制约的是公共权力的运行，与政府内部机关的管理有本质的区别。经理论分析、文献分析和实证分析，笔者认为政府内部控制、财政管理内部控制和行政事业单位内部控制并不是简单的横向一体化关系，也不是单纯的纵向包含关系，而是既包含又平行的交叉关系。

从纵向角度（管理主体）思考，行政事业单位内部控制是针对具体每个行政单位和事业单位管理的内部控制，财政管理内部控制主要是指针对负责掌管财政资金运作的部门内部控制，政府内部控制则是涵盖国家各级政府、各类部门和各类单位等公共部门在内的宏观"大政府"内部控制。因为国家政府涵盖着财政部门和下属的行政、事业单位，因此，可以理解为政府内部控制包含财政管理内部控制，也包含行政事业单位内部控制。

从横向角度（管理客体）思考，行政事业单位内部控制管控的内容主要是单位组织层面和经济业务层面（主要是预算、收支、采购、资产、基建和合同）；财政管理内部控制管控的内容主要是财政资金的分配和使用；政府内部控制管控的主要是全国范围内的各种公共事务，其管控范围是最广的，不仅应含有财政资金的管理，还应包含政府公共权力的运行、政府组织架构、政府履职业务活动等。因此，从管理客体视角出发，政府内部控制包含财政管理内部控制和行政事业单位内部控制，同时，行政单位内部控制与财政管理内部控制在管理客体上属平行关系，即前者主要管理财政资金支出使用，后者主要管理财政资金的征收分配。

为完成本项目研究目的，构建一套政府内部控制理论和标准及实施机制，因此构建政府内部控制理论和标准体系的研究框架，见表1-1。

表1-1　　　　　　　　　政府内部控制理论和标准体系的研究框架

	1	内部控制依据
	2	内部控制概念界定
	3	内部控制适用主体
一、基本理论框架	4	内部控制范围
	5	内部控制目标
	6	内部控制原则
	7	内部控制建设步骤
二、风险评估与控制方法	8	风险识别与分析
	9	风险清单
	10	控制方法

续表

三、治理环境	11		权力职责配置
	12		组织架构设置
	13		机构职能分工
	14		岗位人员职责
四、业务活动（履职）	15	履职活动	重大决策机制
	16		政策法律遵从
	17		政策文件制定
	18		机关运转
	19		人力资源
	20		公共关系
四、业务活动（经济）	21	经济活动	财政资金分配使用
	22		国有资产监管
	23		政府采购
	24		政府投资建设项目
	25		公共资源交易
五、信息系统	26		信息系统控制
六、评价监督	27		评价指标
	28	监督	监督主体
	29		监督内容
	30		监督手段

政府内部控制实施机制研究体系框架（六大层面）

国家立法层面	推动政府内部控制标准的法治建设
财政标准层面	统筹政府内部控制标准的制定实施
部门标准层面	形成政府内部控制标准的行业引导
单位执行层面	以"标杆"单位引领标准的全面落实
中介机构层面	社会智库专家参与推动标准有效实施
社会公众层面	社会公众监督提升标准实施质量

政府内部控制理论研究中，除履职业务内部控制以外，其他属于共性内容，其研究结论可直接指导政策和应用。履职业务在下一阶段的试点中，根据试点单位所在行业构建行业履职业务框架，根据试点单位的预算级次构建一个基层政府的政府履职框架，基于以上可形成整体的政府内部控制标准体系。

政府内部控制实施机制研究框架中，实施机制主要是明确推进政府内部控制建设的主体与分工以及方式等总体要求。各级政府为本级政府内容建设的推进主体，各级政府的政府部门为本部门的内部控制建设推进主体（财政部门是财政行业内部控制建设的推进主体，其他行业主管部门为本行业内部控制建设的推进主体，负责推进该行业履职业务内部控制和经济业务内部控制）；分别负责制定内部控制标准；建立基于标准的内部控制建设推进长效机制，遵循总框架中监督与评价的总体要求，开展激励与考核。政府抓总抓面，各行业抓线。按职责边界开展工作，明确审计监察等外部监督的职责，明确行业主管部门开展内部监督的职责以及强化单位内部监督职责。

补充说明：第一，适用于全部主体的内容主要包括：风险评估和控制防范、治理环境、信息系统和评价监督。第二，适用于不同主体的内容主要是业务层面内容，包括履职活动和经济活动。

1.4 研究思路与研究方法

1.4.1 研究思路

本研究以国家治理与依法治国、公共风险与公共选择、公共管理与公共财政、政府治理与内部控制为理论基础，分析了相关理论与政府内部控制之间的关系，确定政府内部控制标准所涵盖的主要内容。在此基础上，构建具有中国特色的政府内部控制标准体系。最后，通过调研进行实施机制研究。具体研究思路如图1-2所示。

1.4.2 研究方法

笔者采用规范研究与实证研究相结合的方法开展本项目。具体来说，主要包括理论推演、调查法、个案研究法、文献法等。以科学严谨的研究方法来进行研究，使研究结论更具可靠性。

具体研究过程如下：

制度文献研究—理论体系建构—政策依据对照—法律法规对标—问卷调查分析—实地调研分析—有效案例分析—归纳总结分析—管理建议分析。

```
┌──────────┐   ┌──────────┐   ┌──────────┐   ┌──────────┐
│ 研究背景与 │──▶│ 研究目标  │──▶│ 研究框架和 │──▶│ 研究思路与 │
│ 研究意义  │   │ 及原则   │   │ 研究内容  │   │ 研究方法  │
└──────────┘   └──────────┘   └──────────┘   └──────────┘
                                   │
                                   ▼
          ┌────────────────────────────────────────┐
          │        理论基础、文献综述和概念界定           │
          └────────────────────────────────────────┘
                                   │
                                   ▼
          ┌────────────────────────────────────────┐
          │           政府内部控制理论建构              │
          └────────────────────────────────────────┘
                                   │
                                   ▼
          ┌────────────────────────────────────────┐
          │           政府内部控制标准体系              │
          └────────────────────────────────────────┘
                                   │
                                   ▼
          ┌────────────────────────────────────────┐
          │           政府内部控制实施机制              │
          └────────────────────────────────────────┘
                                   │
                                   ▼
          ┌────────────────────────────────────────┐
          │            研究结论与政策建议               │
          └────────────────────────────────────────┘
```

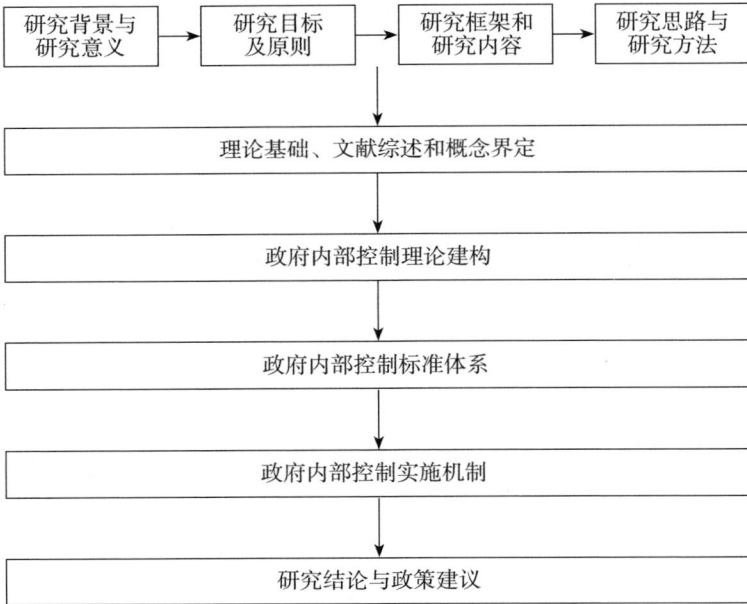

图1-2　本研究的基本思路

制度文献研究即结合国内外已有的相关制度沿革和文献研究成果，在已有制度和文献结论基础上进行政府内部控制标准的研究；理论体系建构主要是结合国内外相关的理论研究，作为政府内部控制标准研究的基础理论；政策依据对照即根据我国特有的社会主义制度，结合党的十九届四中全会提出的制度优势和政策导向，从国内外不同视角解读相关政策，作为政府内部控制标准研究的政策依据和研究动力；法律法规对标主要是应用在经济活动层面，该过程思想源自《中华人民共和国预算法》（以下简称《预算法》），通过解构国家不断更新的各种经济活动法律法规文件，总结共性要求，据此构建政府内部控制标准的具体内容；问卷调查分析是基于以上研究的阶段性研究成果，通过网络问卷的调查方法实现政府内部控制标准研究的全面性；实地调研分析是根据阶段性研究成果，选择不同行业、不同性质的单位开展实地调研，通过访谈的形式了解基层单位的内部控制建设现状以及对笔者的阶段性成果的意见和建议；有效案例分析是基于对内部控制建立和实施初显成效的单位进行经验总结和推广借鉴；归纳总结分析是经归纳总结出最终的研究结论；管理建议分析是在结论的基础上提出有针对性的政府内部控制标准建设建议。

2 理论基础、文献综述和概念界定

2.1　理论基础

2.1.1　国家治理与依法治国理论

借鉴国内学者对国家治理内涵的普遍界定，将国家治理主要概括为国家权力归属、权力实现目标和权力实现路径三个内容，既可作为制度体系构建的基本要求，也可作为制度运行所要实现的最终状态。

1）权力归属制度：国家治理体系

依据现代治理理论，一方面，国家治理主体由政府、市场和社会三者构成。因此，国家治理的权力结构是将国家治理的责任和权限在政府治理、市场治理和社会治理之间进行有效配置，且两两之间相互协调、相互支撑并形成互补，但其形态和功能各不相同，在国家治理中的地位也不平等（张慧君，2009）。一般来说，政府治理在国家治理中居主导地位，决定了市场治理和社会治理在国家治理中的地位，并为市场治理和社会治理提供法律和实施保障系统，为国家治理的平稳有效运行创建基本的制度环境。一直以来，国家审计是国家政治制度的重要内容，也是对上述治理活动传统的监督控制系统，在推进国家治理现代化中承担着维护国家安全、监督制约权力、加强反腐倡廉、推进民主法治、维护民生权益、推动深化改革等重要作用（刘家义，2012）。然而，随着国家治理活动范围的拓展，外部的国家审计已不能适应全球化、信息化、经济社会与生态环境问题对事后监督滞后性带来的巨大冲击，因此，为使国家权力配置和运行处于相互制衡状态，不仅需要外部的国家审计行使对公共权力的监督职能，还需要政府机构自身通过内部控制发挥内部权力的事前制约功能，也可以说，政府内部控制和国家审计是我国政府监督机制的相互补充（如图2-1所示）。另一方面，国家治理既包括政府间制衡监督体系又包括社会公众外部监督机制（张慧君，2009）。为有效遏制政府腐败行为、提高政府运行效率，美国形成了内外协同监督机制：以督察长办公室对政府部门内部权力运行和预算执行的监督、外部审计总署对财务状况和政府财政资金使用的不定期监督、社会公众对行政权力运行和财政资金使用等政务公开信息的社会监督。由于政府掌握大量社会公共资源，导致出现"寻租"现象，严重侵害和浪费了公共资源（刘永泽，唐大鹏，2013；唐大鹏，高勤，2015）。内部控制是保护资产、防止和发现错误，舞弊的第一道防线，也是政府部门为履行职能、实现总体目标而应对风险的自我约束和规范的过程。可见，完善政府内部控制，将有利于建立不易腐、不能腐的控制体系，形成勤政高效政府权力运作氛围（张庆龙，聂兴凯，2011）。因此，基于国家治理视角，借鉴美国经验，政府内部控制体系中的内外监督体系应从以下两层次加以完善。

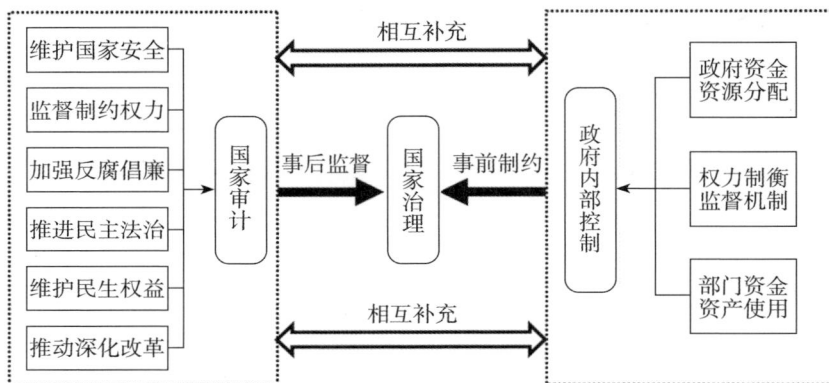

图2-1 国家治理、政府内部控制与国家审计的关系

第一层次，要求构建政府内部横向权力监督及问责机制。一方面，健全政府权力监管法律制度体系，在人大、审计、纪检监察等监督部门间形成统一的监督标准，明确监督权力行使范围，通过政府间横向监督机制发现并惩治行政权力不作为、乱作为现象，为政府内部控制体系完善提供制度和机制助力（唐大鹏，李鑫瑶，2015）。另一方面，建立政府内部信息共享机制，建立人大、审计、纪检监察等监督部门及行政部门间信息共享平台，定期反馈行政部门履职情况及监督部门督查结果，重点建立内部控制报告机制，形成信息化监督追踪机制，提高监督权执行效率。

第二层次，要求在政府外部完善信息披露机制增强社会监督效力。一方面，应完善信息披露机制，畅通政府财务及履职信息披露渠道。信息披露机制是提高政府信息透明度、加强政府部门监管和社会舆论监督、促进政府部门行政体制改革的重要手段（刘永泽，张亮，2012）。应进一步完善信息披露机制，通过网络信息平台等方式，增强公务信息透明度，落实政府信息公开制度要求，对政府决算和保障财务信息真实性的内部控制报告进行全社会公开。另一方面，提高社会公众公务参与意识并维护公众参与权。增强新闻媒体对于公务信息的关注及曝光力度，畅通公众举报渠道，提高公众政务监督热情，为提高政府自律意识及责任意识提供外部助力。

2）权力运行制度：国家治理能力

党的十九大报告再次强调"不断推进国家治理体系和治理能力现代化"，这两个现代化既是政府内部控制的建设目标，又是政府内部控制的运行效果。一方面，善治是国家治理的最终目标，也是政府内部控制的最佳效果。善治理论来源于20世纪90年代西方国家兴起的治理理论，该理论是对传统政府理论的扬弃，认为治理主体不应仅限于传统的政府单向管理，还应包含市场、社会等主体，且公共事务治理应该是一个上下互动的过程，主张政府与其他参与方双向互动、相互影响、相互协作，追求的理想模式是善治。我国学者也对善治进行了相应解释，俞可平（2000）认为善治是国家与公民两者合作管理社会事务并达成最佳状态的一种新型关系；何增科（2002）将善治概括为十大要素，包括合法性、法治性、透明性、责任性、回应性、参与、有效、稳定、廉洁、公正，且认为这些要素的实现程度越高，国家治理越可能达到善治状态。由此可见，以分权制衡思想为核心的政府内部控制，包括了国家治理达到善治的基本要素和必要条件，运用制约和监督政府内部权力等方法提升了政府治理水平，从而使国家逐渐走向善治。

另一方面，国家治理是政府财政财务治理的外部要求。国家治理是一种全方位的综合治理，而政府财政财务治理作为治理结构中的微观载体和主要组成部分，在国家治理过程中发挥着重要作用。从国家治理全方位角度出发，根据党的十九大报告中国家治理理论体系中的经济治理、政治治理、社会治理、文化治理和生态文明治理的分类，政治治理作为其中重要组成部分，需要对公共财政资金、国有资产和公共资源（以下简称"三资"）的分配和使用分别进行治理。按照公共财政理论界定，"三资"分配职能的发挥主要依靠财政部门，属于财政治理范围，而"三资"直接使用或者间接耗费则往往发生于预算单位，属于财务治理范围。从国家治理主体的多元化角度出发，多方主体参与国家治理对政府权力配置能力提出了更高要求。对政府自身而言，以内部控制的流程约束为手段，完善政府治理结构、防止权力滥用成为政府内部控制的重点任务。其一是外部利益相关者要求政府公开公共资源分配信息，明确各治理主体的社会职责，合理配置和使用公共资源的权力与职责；其二是要求公开政府直接或间接使用和耗费的公共财政资金、资源和资产的权力、职责、制度、流程；其三是要求建立问责系统用于监督各治理主体职责履行及资源使用情况，并以此为基础，对治理主体进行奖励或处罚。一般来说，政府履职职能的具体承担者——政府部门，其财务治理的目标和要求是政府内部控制的基础。同时，政府履职职能的经济保障者——公共财政资金和资源的分配系统是财政治理能力的集中体现，也是政府内部控制的核心。当这一阶段经济活动的治理目标实现后，政府内部控制将会从经济活动延伸至权力运行，致力于实现国家治理能力现代化（滕双杰和唐大鹏，2017；唐大鹏等，2017）。

3）权力管控制度：推进依法治国

首先，国家治理体系是指在党领导下管理国家的制度体系，包括经济、政治、文化、社会、生态文明和党的建设等各领域体制机制和法律法规安排；国家治理能力则是运用国家制度管理社会各方面事务的能力（习近平，2013）。可以说，国家治理具有天然的法治化路径依赖（薛澜，2014）。其次，依法治国是依照体现公众意志和社会发展规律的法律而非个人意志主张治理国家，要求国家的政治、经济、社会各方面活动均依照法律进行。所以，全面依法治国是实现国家治理体系和治理能力现代化的必然要求和必由之路。再次，预算分权是促进财政透明和预防腐败的方式，其分权制衡理念不仅是以预算控制为主线的政府内部控制的核心理念，也是全面依法治国的实现路径和现代化的国家治理体系中必须坚持的重要原则。最后，政府内部控制是防范和管理政府违规行为的重要手段，其核心是保障政府权力运行和经济活动合规合法。所以，政府内部控制是预算权合理分配的制度保障，也是依法治国的实施抓手，更是实现现代化的国家治理体系和治理能力的重要工具。因此，预算分权下政府内部控制作为依法治国的具体实施手段，通过新修订的"经济宪法"——《预算法》和内部控制相关法规制度，为全面推进依法治国、推进预算管理科学化、民主化、法治化、最终实现国家治理体系和治理能力现代化提供突破口（范永茂，2016）。综上，财政预算分权下的政府内部控制必须以实现国家治理体系和治理能力现代化、贯彻落实依法治国基本方略为最终建设目标，如图2-2所示。

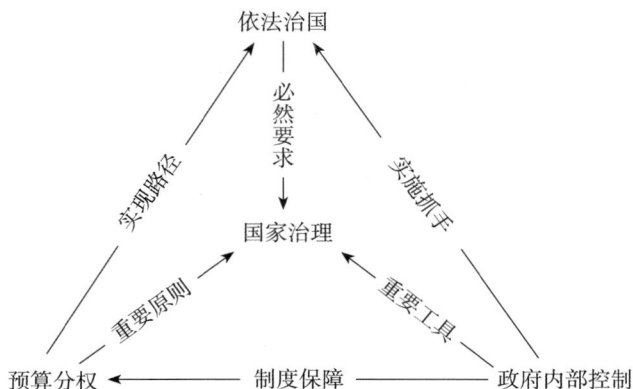

图2-2 国家治理、预算分权与政府内部控制的关系

2.1.2   公共管理理论

1）新公共管理运动：厘清政府、市场与社会的边界

传统的管理理论遵循国家主义的管理思维，"拥有足够的资源，因而能够抗得住社会压力"，官僚化和中央集权化的国家越强大，"实行独立自主政策的能力就越强"。这种思维强调国家（政府）作为公共服务提供者的唯一性。民众公共需求日益增长、公共产品提供竞争的缺乏引发动力不足，而无法实现资源配置的"帕累托最优"，进而暴露"政府失灵"的危险。

新公共管理运动在20世纪70年代末80年代初开始在西方发达国家盛行，到了20世纪90年代后期逐渐被更多人认可和使用，是区别于传统公共行政的一种公共部门改革思潮。克里斯托弗·胡德首次提出了"新公共管理"这一概念，并总结了7个原则：强调专业化管理、强调具体的绩效标准与测量、强调结果控制、强调去中心化、强调竞争、强调私人部门的管理模式、强调规则与资源节约（林民望，2017）。

新公共管理运动强调效率优先，即引入市场模式，引入竞争机制，采用了商业管理的理论、方法和技术，但市场机制过度会产生"市场失灵"的新问题，影响公共领域的公平性、责任性和合法性（申华，2017）。

2）公共管理与公共产品：公共政策

从公共管理理论角度出发，社会公众理应成为行政事业单位内部控制的推动者。我国是人民民主专政的社会主义国家，公众选举代表来代表其意愿，并通过全国人民代表大会上升为国家的意志，以合法途径和程序将公共资金委托给行政事业单位进行管理，形成了社会公众与行政事业单位之间的委托人与代理人的关系。委托人与代理人的意志有可能保持一致，也有可能不一致，社会公众具有对公共资金监管的积极动力。特别是随着我国行政管理体制改革不断深化，社会公众也对政务透明度提出了越来越高的要求，迫使相关部门必须加强内部控制（刘力云，2007）。鉴于我国特殊的国情和历史原因，社会公众普遍无法直接对单位支出情况进行监督和制约，因此要求行政事业单位建立内部控制，履行受托责任。Gray 和 Jenkins（1986）认为受托责任人有义务保证责任的履行并向委托人列报履约信息。针对我国行政事业单位属性及公共资金的特点，单位与所支配的资金和资产没有直接的权属关系。单位领导不愿意放弃"既得利益"或"相关特权"，缺乏内部控制设计和实施的主观能动性，也没有积极性向利益相关者进行信息列报，且单位支出方向和重点一般是由政府职能规划而不是由单位本身来决定的，单位只是遵照预算执行。所以单位缺乏积极性来相应建立内部控制以衡量其提供公共服务的效率和效果（审计署，2004）。因此，正是由于我国行政事业

单位产权结构不明晰，导致内部控制实施内生动力不足，实施动力主要来源于单位外部的监督和推动力量。

公共政策是政府等公共组织管理社会公共事务的指导准则，它决定着管理活动的方向和目标。正确的政策及有效的执行，将为国民经济和社会的发展带来良好的效果；政策失误或执行不力，将导致一定的恶果。从某种意义上来说，公共政策问题是国家立法活动、司法活动、行政活动和政党活动的核心问题之一，因此受到了世界各国越来越多的重视，并加强了对它的研究。公共政策是社会公共部门为解决社会公共问题，规范和指导有关机构、团体或个人的行动，在广泛的参与下所制定的行为准则。公共政策的主体是公共部门及其他参与者；公共政策的目的是解决社会公共问题，规范行动；公共政策的对象是有关机构、团体或个人；公共政策的表现形式是行为准则。公共政策具有政治性与公共性、合法性与强制性、公平性与效率性、整体性与多样性、稳定性与变动性五个特征。

3）公共财政与公共资金：财政政策

公共财政是市场经济下的政府财政，其经济实质就是市场经济财政。公共财政理论和公共财政学，实际上就是市场财政学，即关于"市场财政"的科学。公共财政理论的主要内容是：由于存在市场失灵的状态，必须靠市场以外的力量来弥补市场失灵所带来的无人提供满足公共需求的公共产品的空白，这个市场以外的力量就是政府的力量；政府提供公共产品的领域只限于公共服务领域，为保证政府不超越这一领域提供公共产品，必须为政府提供公共产品的范围划一明确的界限，而这一界限的划定显然不能由政府自己来划。由立法部门进行立法规范便成为必然的选择。因此，公共财政的实际要义不在于"市场失效"这一经济逻辑起因，而在于其"预算法治"和"民主财政"的政治实质内涵（张馨，1997）。

2.1.3 公共风险理论

1）公共风险：疫情防控财政政策的逻辑起点

如图2-3所示，本研究基于公共风险理论、国家治理理论、制度经济学下政府与市场关系、供给侧结构性改革等相关理论，建构了公共风险特别是2020年疫情风险防控与宏观经济的逻辑框架。

风险具有不确定性，是经济和社会的稳定与发展受到损害的一种可能性（刘尚希，2003）。这种不确定性在经济、社会、政治等领域广泛存在，风险相互交织、叠加放大，最终形成公共风险（刘尚希和李成威，2018）。应急隔离措施虽然阻断了病毒传播，保护了居民生命健康安全，但同时也使不确定性在经济和社

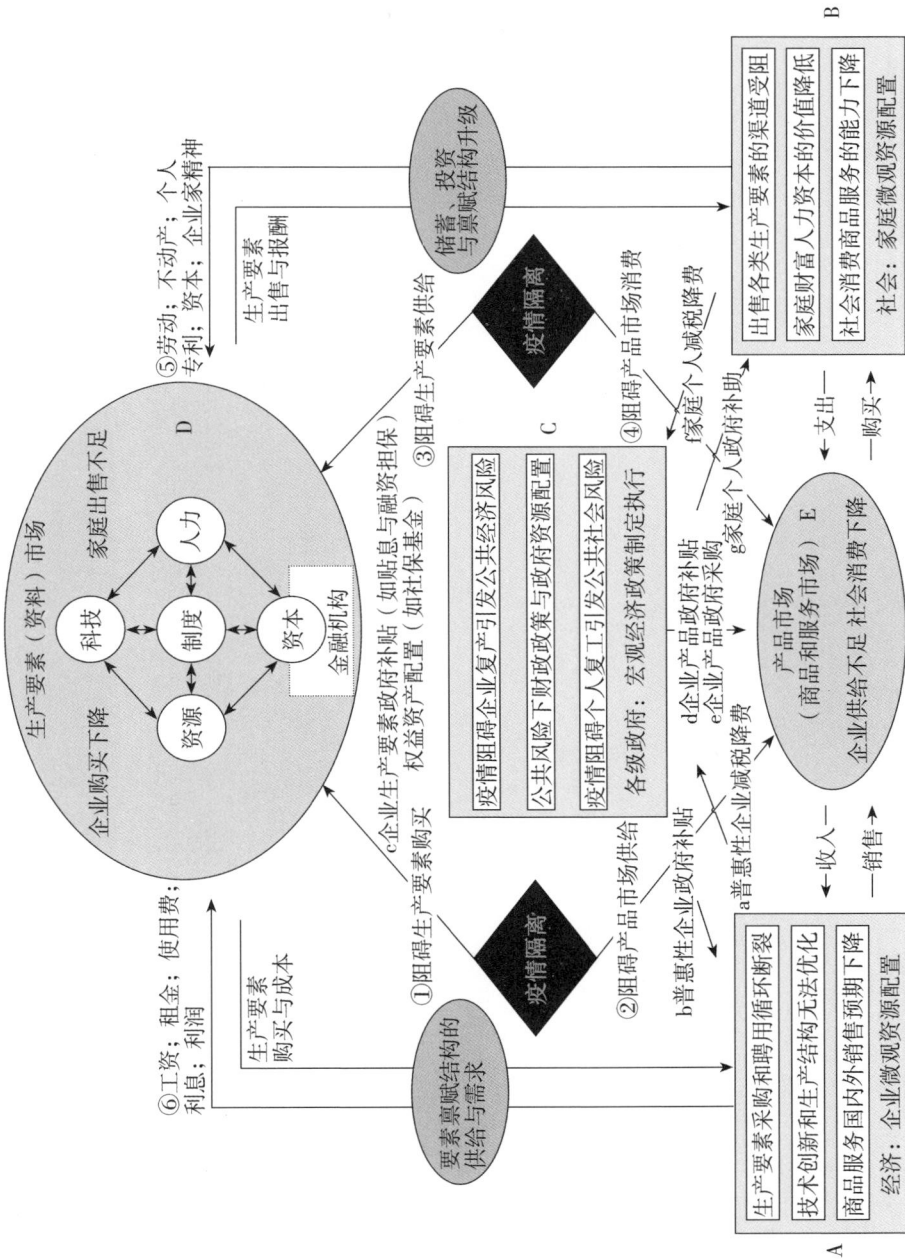

图2-3　疫情影响下政府、经济和社会的传导机制

会中不断扩散。首先，从企业微观资源配置角度看（图2-3中的①②与A），疫情隔离阻碍企业从生产要素市场中购买科技、人力、资本、资源等生产要素（图2-3中的A—D），企业的技术创新和生产结构优化也陷入停滞，加之产品市场的供给渠道受阻（图2-3中的A—E），导致企业商品服务的国内外销售预期下降。其次，从社会家庭微观资源配置角度看（图2-3中的③④与B），生产要素追根溯源是由社会家庭的劳动、不动产、个人专利、资本、企业家精神等所提供的（图2-3中的⑤），疫情隔离导致社会家庭无法获得相应报酬，家庭财富和人力资本的价值也随之降低（图2-3中的B—D），同时隔离措施也阻碍了其产品市场消费（图2-3中的B—E），整个社会对商品服务的消费也进一步下降。最后，从政府宏观经济政策制定和执行角度看（图2-3中的C），企业作为生产要素市场的需求者和产品市场的供给者，社会家庭作为生产要素市场的供给者和产品市场的需求者，当市场中的供给与需求之间形成负反馈，致使经济呈现螺旋式下行时，需要有为政府更好发挥作用，通过财政政策配置资源来防范化解经济和社会领域中的公共风险。

防范化解公共风险与国家治理的本质是一致的（刘尚希等，2018）。国家治理体现了全面推进经济建设、政治建设、文化建设、社会建设、生态文明建设"五位一体"的总体布局，并以经济、社会和政治为核心（吕冰洋，2018）。首先，由于市场是配置资源最有效率的机制，经济治理要发挥市场在资源配置中的决定性作用，在市场失灵的领域，需要有为政府因地制宜地制定宏观调控政策，推动经济发展（林毅夫，2010）。其次，由于市场所配置的资源从源头看都来自居民，而资源配置的目的也是满足居民需求，社会治理应当以改善民生为目标，解决群众面临的就业、住房、医疗、教育等方面的困难（肖贵清，田桥，2017）。再次，政府作为实现现代化国家治理的重要主体，政治治理尤其是政府治理，应当兼顾制度安排与执行，既要建构现代化的治理体系以保证政策制定的科学性，也要以政府权力运行的制度化与规范化来提升政策执行的能力（马骁，周克清，2016）。最后，要以政治治理推动经济治理和社会治理现代化的实现，就应当充分发挥政府在政治治理中的重要作用，即在政府系统中，由行政机关出台政策、事业单位负责执行，使作为市场主体的国有企业和民营企业因政策受益，慈善、教育等社会组织将政策成果精准分配至家庭个人，进而实现经济治理与社会治理效能。

从公共风险视角出发，国家治理体系下国家应制定宏观经济政策作为制度安排。首先，经济治理仍然需要以市场在资源配置中发挥决定性作用为前提，恢复原本的生产要素购买和产品市场供给。在恢复生产要素购买方面（应对图2-3中的①），要做好恢复交通服务、社保就业、物资仓储等领域的支持工作，使之前空缺的科技、劳动力、资源等生产要素在要素市场中重新流动。同时，为防止疫情成为正常市场机制以外的企业淘汰机制，政府需要采取财政贴息与融资担保等措施，通过金融机构帮助资金周转困难的企业维持生存。在恢复产品市场供给方面（应对图2-3中的②），要在通过国际贸易、电商等行业打通产品流通渠道的基础上，恢复企业上下游生产链的经济循环。其次，对于社会治理而言，在恢复生产要素供给方面（应对图2-3中的③），政府应对患者、医护人员和贫困人口等弱势群体予以适当补助，并出台普惠性政策，妥善解决疫情导致的失业、收入降低、学生停课等社会问题；在恢复产品市场消费方面（应对图2-3中的④），政府可以灵活采取消费券等形式，释放居民被疫情抑制的消费需求。最后，从政治治理角度看，此次疫情正是对政府的制度安排和执行能力的大考。一方面，作为国家治理的重要主体，政府应当对各行业受疫情冲击的严重程度有较为清晰的认识，在制度安排中更加突出结构优化；另一方面，地方政府也要针对疫情暴露出来的问题补漏洞、补短板，采用制度、流程建设等必要手段来提升自身的政策执行能力。

2）财政政策：防范化解公共风险的内在机理

财政政策作为国家治理体系中的一项重要制度安排，不仅需要满足政府履职的需要，还要满足包括企业、社会家庭和各级政府在内的所有国家治理主体参与国家治理活动的需要（高培勇，2014）。财政政策主要通过"收入、支出、管理、平衡"四个方面来实现资源配置，具体包括减税降费等收入政策，转移支付与购买性支出等支出政策，预算绩效和内部控制等管理政策以及发行国债等平衡政策。疫情防控所采取的积极财政政策主要是利用收入和支出政策，以财政收支缺口快速扩大、赤字、债务大幅增加的财政风险对冲公共风险（刘尚希，2004）。自疫情暴发至2020年5月15日，国家共出台51项财政政策，基本兼顾了企业（图2-3中的A）、社会家庭（图2-3中的B）和各级政府（图2-3中的C）3个方面，包括对企业31项，对家庭个人9项，对各级政府11项。笔者结合政策采取手段的特点，进一步将对企业的转移支付分为普惠性企业政府补贴、企业生产要素政府补贴、企业产品政府补贴3种方式。

在对企业的政策方面，从受益对象看，涵盖了金融服务、国际贸易、社保就业、农业生产、汽车制造、交通服务、农业、医疗物资生产、物资仓储服务、电商服务、文化娱乐、社会慈善等多个具体行业，也涵盖针对小微企业、疫情相关重点行业或企业、区域性以及覆盖全国的综合性政策，体现了精准施策的政策要求。从采取的手段看，普惠性指企业仅需满足所从事行业即可获得援助，其中以减税降费的收入政策为主（图2-3中的a），转移支付的支出政策为辅（图2-3中的b）；而其余政策则设置了一定门槛，主要采取的是偏重市场化机制运行的支出政策。具体地，企业生产要素政府补贴（图2-3中的c）是政府委托金融机构对企业资质进行专业化研判，降低满足条件的企业的生产成本；企业产品政府补贴（图 2-3 中的 d）要求新能源汽车厂商只有在完成一定销量时才能获得产品补贴；企业产品政府采购（图 2-3 中的 e）的对象则是符合国家标准的医疗物资生产企业，后两者均为政府根据产品市场对企业产品质量做出的选择施以的政府补助。在对社会家庭的政策方面，体现了更为公平的人文关怀，一方面通过减税降费（图 2-3 中的 f）的方式降低家庭的生活成本，扩大社会整体消费能力；另一方面向受疫情影响最大的患者、医护人员以及贫困人口提供补助（图 2-3 中的 g），解决其在恢复正常生活和工作中遇到的困难。在对各级政府的政策方面，中央政府虽然已针对性地出台了对企业的财政经济政策和对社会家庭的财政社会政策，但是仍需要规范地方政府的履职行为，确保财政政策在不同地区、行业、人群中都能够得到有效落实（图 2-3 中的 C）。总的来说，51 项疫情防控财政政策是中央政府对经济和社会稳定的工具选择，也是对地方政府履职的行为规范，是实现国家治理的宏观层面制度安排。

如前文所述，财政政策的落实离不开行政机关的政策制定与事业单位的政策执行，以及中央政府的统筹协调与地方政府的分解细化。国有企业与民营企业作为财政政策的受益者，在获得相应的补贴或采购订单的同时，也需要通过技术创新和生产结构优化，扩大生产要素购买，并提供工资、租金、使用费、利息、利润等回报（图 2-3 中的 ⑥），同时向产品市场提供更加优质的产品和服务。此外，对社会家庭的补助也往往需要社会组织的参与，例如处理疫情捐赠的慈善组织、红十字会等社会团体。因此，财政政策若要达成预期目标，就需要提升微观主体的执行能力。那么，如何通过加强微观主体的内部管理来提升执行能力便成为亟待解决的问题。

3）内部控制：财政政策有效执行的制度保障

资源配置政策是国家宏观政策颁布和执行的一种制度安排，而内部控制是由财政部发布的一项管理类的财政政策，实现有效的资源配置是内部控制的最终目的，笔者分别从资源配置的环境、决策、执行和监督四个维度来分析内部控制在资源配置中的关键性作用。第一，新凯恩斯主义主张用财政政策对要素市场和产品市场进行干预，为避免"政府失灵"并充分发挥政府作用，财政有必要制定相应的管理政策来保障资源配置政策的有效实施（林毅夫，2018），为内部控制发挥作用提供了环境。第二，根据科斯的交易成本理论，任何资源配置的决策都是以交易成本最小化为基础而制定的（科斯，1994），因此对资源配置决策的控制可以有效缓解由于理性限制导致的契约不完备性。第三，交易是不可避免的，可以通过明确经济活动和管理活动责、权、利，并明确产权归属来减少交易过程中的机会主义（科斯，1994），进而降低交易成本。第四，针对资源配置政策的执行过程，有效的监督是内部控制对权力规制的有力保障（胡税根，翁列恩，

2017)。尤其是2020年5月发布的《中共中央　国务院关于新时代加快完善社会主义市场经济体制的意见》明确提出加强对内部权力的制约，强化内部流程控制，防止权力滥用，推动审批监管、执法司法、工程建设、资源开发、海外投资和在境外国有资产监管、金融信贷、公共资源交易、公共财政支出等重点领域监督机制改革和制度建设。这给中国内部控制发挥作用提供了更加崭新的空间，可以通过结合国家发展战略与政府施政目标，科学界定各组织岗位在政策制定和执行过程中的"自由裁量权"，并完善强化相应的"问责制"。因此，内部控制作为一种组织内部权力监督和制衡的管理手段，可保障政策制定的合法性和政策执行的有效性。

一方面，政府配置资源导向的财政政策需要强化政府内部控制。现行的政府内部控制主要是依据《行政事业单位内部控制规范（试行）》和《关于加强财政内部控制工作的若干意见》的制度要求。根据田祥宇等（2013）对单位内部控制的分类，笔者认为单位内部控制作用于政府资源配置主要体现在以下三个层面：第一，单位的组织层面内部控制为资源配置提供了决策环境和决策体制机制，科学的组织层面设计有助于加强对政策决策过程的控制，使政府配置资源的决策更加有效。第二，单位的业务层面为资源配置的决策执行提供了具体途径，有序的业务流程设计有助于加强政策执行过程的业务管控，使政府配置资源政策的执行更加有效。第三，评价监督层面为资源配置决策执行结果提供了绩效评价与监督问责，及时的评价监督和问责机制有助于提高政策执行效率效果，使政府资源配置政策执行效果更有保障。因此，政府内部控制可以通过提供政策决策环境、政策执行过程管控和执行结果评价监督等控制措施，合理保障政府资源配置的预期效能。

另一方面，市场配置资源导向的财政政策需要强化企业内部控制。"我国对企业内部控制的要求已经远超过美国"（欧阳宗书等，2015），以《企业内部控制基本规范》为代表的企业内部控制制度将企业内部控制分为企业治理层面、业务控制层面、监督评价层面和信息层面等四个层面。在市场配置资源的过程中，企业内部控制发挥作用的具体路径如下：第一，公司治理层面内部控制是落实国家政策法规的第一步，通过对企业战略决策的控制来确保企业的发展战略与国家政策要求保持一致，有助于保障市场配置资源决策的有效性；第二，企业业务层面内部控制是对企业的各种经济业务活动进行控制，能够有效降低市场资源配置的交易费用；第三，企业监督评价内部控制是对企业各项制度执行过程进行监督、对结果进行评价，有助于保障市场配置资源决策的有效执行；第四，信息层面的内部控制能够保障企业的信息数据质量，为企业了解外部信息数据和管理内部信息数据提供平台，并提高市场配置资源的效率效果。因此，企业内部控制可以通过对治理决策、业务执行、执行效果和信息数据实施控制，合理保障市场配置资源政策的实施效果。

2.1.4 政府治理理论

1）政府治理：政府职能优化转型

党的十八届三中全会审议通过的《中共中央关于全面深化改革若干重大问题的决定》中提出要推动政府职能改革，必须切实转变政府职能，深化行政体制改革，创新行政管理方式，增强政府公信力和执行力，建设法治政府和服务型政府。从行政干预过多的全能型政府向让市场充分发挥作用的有限型政府转变，更好地发挥市场对资源配置的决定性作用，是政府职能转型过程中明确政府与市场关系、寻找政府活动边界的公共经济思想的体现；法治型与服务型政府的建设，是从经济发展型政府向公共利益服务型政府的转变，要求政府在职能转型的过程中，将高效优质地提供公共产品与服务置于突出的地位，反映了公共经济中公共需求与供给的核心地位。政府职能转型的提出，是中国财政思路从"政府收支"向"公共经济"转变的体现，也是推动这一思路转变的内在要求。

"治理"一词兴起于西方国家，而且西方在治理问题上大多只使用"治理"（Governance）一词，少有使用"国家治理"与"政府治理"的概念；目前国内学术界仍未清晰区分"国家治理"和"政府治理"两个概念。刘家义在2012年关于国家治理的表述为：国家治理通过配置和运行国家权力，对国家和社会事务进行控制、管理和提供服务，确保国家安全、捍卫国家权益、维护人民利益、保持社会稳定、推动科学发展。国家治理的推进与治理水平的提高，需要从宏观层面上正确处理政府、市场与社会三者之间的关系。社会作为经济发展与运行的载体，提供了社会上各种力量，如市场和政府，包括社会自身，进行资源配置的舞台；同时提供经济发展的原始资源，如矿产资源与基础人力资源。市场与政府则对社会资源进行利用与配置。市场作为"无形的手"通过价值理论和供求关系，利用社会上个体间的交易机制和追逐利润的心理，促使社会资源流向高效率的生产部门，如以民间资本为代表的货币资源在房地产行业高利润的吸引下进入该行业并进行投资。政府基于公众的受托责任，掌控着大量的公共资源与资源配置的权力，因此存在着"有形的手"对社会资源的直接配置，但是政府还可以针对市场失灵，通过对市场的干预来间接作用于社会资源。另外，社会、市场与政府在作用的同时，还存在着基于作用力的双向沟通反馈渠道，为主体间的相互作用提供信息。政府职能的转型力图通过重构政府、市场与社会的关系，改变政府行政权力对社会与市场扭曲的现状，完善国家治理的结构。政府职能转变，要求政府尊重及充分利用市场这个"无形的手"对资源配置的决定性作用，政府"有形的手"对社会资源的直接干预应集中于为公众提供公共产品与服务并通过信息沟通反馈机制密切关注市场动态，必要时在市场失灵的时候对市场进行宏观调控以维持宏观经济与社会局面的稳定。政府职能转变在公共经济的思路上，通过政府职能划分与活动范围的划定，对"有形的手"在社会资源直接配置与市场干预上做出规范与限制，改变当前行政权力地位膨胀、行政干预过多、干预力度过大对国家治理架构下的决策、执行与监督三权分立机制造成冲击的局面，完善国家治理结构。

2）内部控制：政府职能落地机制

政府内部控制是在国家治理建设背景下作为强化权力制约的长效机制而被提出来的，而就国家治理体系和治理能力现代化的内涵来讲，国家治理体系和治理能力是一个国家制度和制度执行能力的集中体现。国家治理体系是在党领导下管理国家的制度体系，包括经济、政治、文化、社会、生态文明和党的建设等各领域体制机制、法律法规安排，也就是一整套紧密相连、相互协调的国家制度；国家治理能力则是运用国家制度管理社会各方面事务的能力，包括改革发展稳定、内政外交国防、治党治国治军等各个方面。国家治理体系和治理能力是一个有机整体，相辅相成，有了好的国家治理体系才能提高治理能力，提高国家治理能力才能充分发挥国家治理体系的效能。因此，政府内部控制自然与制度息息相关，如何构建与国家治理体系和治理能力现代化要求相一致的制度体系和制度执行能力，是政府内部控制所需要考虑的主要内容。

结合经济发展的客观规律，笔者从政府与市场的边界出发，重新演绎了新时代政府内部控制的基本要素，即以规划导向和市场导向为原则，以行为合法合规和履职效率效果为目标，以政府部门和国有企业为主体，以产业政策、财政政策和货币政策三大宏观经济政策为对象，试图给出一个政府与市场边界及政府作用于市场的基本路径，也就是政府内部控制的逻辑起点——政府内部控制的定位就是为了防范化解市场失灵引发的公共风险而在政府主体内应用的风险管理理论框架。政府内部控制分析框架就是在提供公共产品过程中政府对内管理和对外服务的职能和流程制度化来构建权力、业务和经济活动的风险管控体系，其职能制度化表现为政府治理体系，制度流程化表现为政府治理能力，也就是用制度安排和制度执行能力促进政府与市场边界明晰，有助于培育经济发展的新动能和稳定政府管理的市场预期，防范化解公共风险。

内部控制是由决策层、执行层、监督层和全体工作人员共同实施的、旨在合理保证实现控制目标的过程。关于内部控制的目标，财政部《行政事业单位内部控制规范（试行）》认定为：合理保证单位经济活动合法合规、资产安全和使用有效、财务信息真实完整，有效防范舞弊和预防腐败，提高公共服务的效率和效果。公共部门内部控制框架要素包括：控制环境、风险评估、控制活动、信息与沟通以及内部监督；尽管要素形式上与企业内部控制要素趋同，公共部门内部控制要素的特殊性主要体现在治理结构、业务活动、风险类型和监督形式等方面（刘永泽，唐大鹏，2013）。同时，相对企业经营内部控制而言，公共部门内部控制更加突出产品和服务的质量，将行政管理行为的功能和效果放在显著的位置。政府职能转变首先要求对政府职能与活动范围进行划分与界定，明确政府职能的边界，并通过制度使政府活动在指定的范围内进行，防止政府职能的"越位"。政府职能的越位，即政府行政力量对社会资源与市场的过度干预。为阻止政府职能越位，防范行政力量的持有者和使用者进行寻租行为，需要以制度和流程规范将权力的运行置于监管的"笼子"之中，为政府职能的转变提供保障。内部控制坚持权力制衡的基本原则，在单位内部进一步完善决策权、执行权和监督权分立的机制，通过不相容职位分离、内部授权审批控制和归口控制等控制方法，在单位层面与业务流程层面进行控制，建立权力运行的"笼子"。因而，推动政府内部控制的建设是政府职能转变的重要实施手段。

内部控制与管理的关系：

首先，本书借鉴管理学关于控制的定义。控制（Control）就是检查工作是否按既定的计划、标准和方法进行，发现偏差分析原因，进行纠正，以确保组织目标的实现。由此可见，控制职能几乎包括了管理人员为确保实际工作与组织计划相一致所采取的一切活动。其次，关于控制的定位，笔者认为控制是管理的一部分，不能替代管理而存在，控制的目的是更好地为管理服务，实现管理目标。最后，控制是需要有体系有方法的，控制不足和控制过度都会带来效率损失，因此科学合理的控制体系可以平衡控制与效率的关系。

内部控制与管理的关系可以体现在以下两个方面：第一，从理论方面来看，管理的四个要素包括计划、组织、领导和控制。控制是管理的一部分，内部控制也是管理的一部分，它是对管理过程中风险的防范。内部控制的目的不是替代管理，而是更好地为管理提供服务。因此，内控体系应是现有管理机制的整合和完善，对现有管理机制管理不全面和不到位的问题进行完善，从内控角度来实现管理的目的。第二，从实践方面来看，内控体系和管理机制是相互融合的关系。现有的管理机制在单位内运行常常出现管理结果失控的问题，也就是管理过程的风险不可控，这体现了内控存在的必要性。内控体系就是针对管理过程中的风险，以一定的控制方法和制度措施加以控制。控制方法与管理机制相互作用，共同完成管理目标。

2.2 文献综述

2.2.1 行政事业单位内部控制研究综述

　　现行的行政事业单位内部控制是在一个以单位为主体的框架下，研究一个单位内部机构岗位（包括业务部门和财务部门）之间的治理关系和治理机制，并将之应用至预算、收支、采购、资产、基建、合同六大业务领域。关于行政事业单位内部控制的概念，《行政事业单位内部控制规范（试行）》将内部控制定义为"单位为实现控制目标，通过制定制度、实施措施和执行程序，对经济活动的风险进行防范和管控"，是以深交委为代表的地方实践经验总结的结晶，切实反映了在当前我国行政事业单位亟待提升内部管理水平的诉求下所促成的观念认识，但在建设内容及建设逻辑方面还亟待理论解释支撑。因此，诸多学者围绕《行政事业单位内部控制规范（试行）》进行了理论阐释。如刘永泽、唐大鹏（2013）认为"行政事业单位内部控制是指由单位领导负责，全体人员共同实施的，为实现单位控制目标，通过制定一系列制度、实施相关措施和程序，对经济活动的风险进行防范和控制的动态过程。"另外一些学者，通过借鉴企业内部控制，对单位内部控制进行了界定。如关振宇（2014）认为，"行政事业单位的内部控制是由行政事业单位的领导层和全体员工实施的、旨在提高行政事业单位管理服务水平和风险防范能力，促进单位可持续、健康发展，维护社会主义市场经济秩序和社会公众利益，实现行政事业单位管理服务目标所制定的政策和程序。"与行政事业单位内部控制相近，政府部门内部控制也得到学者研究的关注，是指部门领导层和全体人员共同实施的、旨在实现控制目标的过程。内部控制的目标是合理保证政府部门运行管理合法合规、资源分配公平公正、会计报告和相关信息真实完整，提高资金使用的效率和效果，促进政府部门实现发展战略（刘永泽，张亮，2012）。相较于企业内部控制，行政事业单位内部控制虽起步较晚，但后期发展迅速。审计署2004年率先尝试在审计机关建立内部控制并出台《审计机关内部控制测评准则》，认为内部控制是以满足公共利益、追求社会公平和效益相互平衡为目标的公共行为制约和规范机制，自此，对行政事业单位的政策支持和重视程度逐年提升。2012年发布的《行政事业单位内部控制规范（试行）》，2015年年底发布的《关于全面推进行政事业单位内部控制建设的指导意见》和2016年年底发布的《行政事业单位内部控制基础性评价》要求各单位上报基础性评价报告"以评促建"，行政事业单位内部控制建设和实施的基础工作逐步得到完善，2017年1月25日颁布的《行政事业单位内部控制报告管理制度（试行）》要求建立内部控制报告制度，促进内部控制信息公开，将行政事业单位内部控制工作提上新高度，有利于发挥内部控制"提升单位内部治理水平、规范内部权力运行、促进依法行政、推进廉政建设"的重要作用。结合笔者在中央各部委如最高人民法院、工信部、教育部、商务部、水利部、文化和旅游部、人社部、国家质检系统、国务院机关事务管理局、中国宋庆龄基金会等的内部控制实践应用，本研究认为行政事业单位内部控制的概念应当界定为预算执行的各单位和部门通过制定制度、执行措施和实施程序，对经济活动进行管控的系统过程，不仅如此，这个概念还应当涵盖其他研究和文献中提到的政府部门内部控制、预算单位内部控制、行政单位内部控制、事业单位内部控制以及非营利组织内部控制（樊行健和刘光忠，2011；张庆龙和聂兴凯，2011；刘永泽和张亮，2012；唐大鹏和付迪，2016）。此外，单位内部控制还要包括单位内部架构中，单位本级各内设部门间、下级单位各内设部门间、以及上述两者之间的权力制衡结构、经济资源分配、预算资金使用和国有资产管理的过程控制（田祥宇等，2013）。结合我国实际国情，由《行政事业单位内部控制规范（试行）》所规定的单位内部控制建设具有鲜明的中国特色。

特色之处主要体现在主体范围、控制目标、控制方法、控制理念方面。

第一，主体范围方面。充分结合当前我国事业单位分类改革，结合行政性、公益性和经营性的划分方法，将经营性事业单位归属为企业内部控制执行范畴，从而确认"行政事业单位内部控制主体范围应包括广义上的行政单位、公益性事业单位、社会团体及其他附属单位"，具体包括党的机关、人大常委会机关、行政机关、政协机关、审判机关、检察机关、各民主党派机关等。

第二，控制目标方面。刘永泽、唐大鹏（2013）根据我国行政事业单位内部控制实际情况，将目标定位于合理保证单位经济活动合法合规、资产安全和使用有效、财务信息真实完整，提高公共服务的效率和效果，有效防范舞弊和预防腐败。相比企业内部控制，行政事业单位内部控制突出了对防范腐败舞弊目标的强调，引发了对单位内部控制与权力关系的思考。针对内部控制与权力运行的关系，可以从控权关系、控权制度和控权状态三个维度去理解单位内部控制。具体来讲，基于控权关系，内部控制通过分事行权、分岗设权和分级授权，在权力主体内部建立双向的制约关系；基于控权制度，单位内部控制是政府内部权力的过程性分权，主要通过构建完善有效的制度来预防权力腐败的发生，将事权在多个环节进行分解，从而实现权力主体行使权力过程中的互相分立与彼此制衡；基于控权状态，内部控制是通过约束政府内部权力来实现预防腐败和依法治国的重要手段（唐大鹏，武威等，2017）。

第三，控制方法方面。除了借鉴企业内部控制的不相容岗位相分离、授权审批控制、资产控制等方式，还加入预算控制、归口管理、单据控制、内部信息公开等具有中国行政事业单位特色的控制方法（田祥宇，王鹏等，2013）。

第四，控制理念方面。主要体现了对单位内部控制"管理特质"的关注，依据系统性原则，突出了预算管理尤其是绩效评价的重要作用。具体来讲，一是强调组织层面和业务层面的整合。其中组织层面主要是"需要对各部门、岗位按照不相容职位相分离和内部授权审批原则进行组织层面内部控制架构的设计"，是开展业务层面内部控制设计的基础（田祥宇，王鹏等，2013）。二是强调基于流程梳理实现业务整合。依据"以预算管理为主线，以资金管控为核心"，通过预算这一基本控制方法将单位所有业务衔接起来，合理设置内部控制关键岗位，明确各岗位职能范围、业务权限、审批程序和相应责任，确保财产安全完整，利用记账、核对、岗位职责落实和职责分离、档案管理、工作交接程序等会计控制方法，通过对单位外部来源的报销凭证和单位内部表单的控制规范收支管理，确保单位会计信息真实完整，将经济活动及其内部控制流程嵌入信息系统中，消除人为操纵因素（刘永泽，唐大鹏，2013）。

行政事业单位内部控制（以下简称"单位内部控制"）是我国内部控制体系的重要组成部分，是实现国家治理现代化的坚实基础与有力支撑。2012年年底财政部印发《行政事业单位内部控制规范（试行）》（以下简称《规范》），从政策层面奠定了单位内部控制理论发展的基础；而继党的十八届三中全会在全面深化改革中强调加快转变政府职能和强化权力运行制约和监督体系后，党的十八届四中全会明确将单位内部控制提升到了国家治理和依法治国高度。单位财务治理的概念是相对于政府部门中财政治理的宏观视角而提出来的，涉及具体单位财务方面的综合性治理问题，是基于政府部门中的微观个体（行政事业单位）本身治理结构和业务流程的细节考虑。Musgrave（1959）认为，地方政府主要负责执行资源配置政策，而中央政府负责制定分配和稳定政策。公共财政资金在财政治理环境下，集中解决了资金在分配环节的公平、公开和公正的问题，而公共资金在分配环节结束以后则进入到具体行政事业单位的资金实际支出环节。如果说财政治理主要是针对公共财政资金在政府部门体制内的资源分配问题，那么单位财务治理则是为了解决公共财政资金最终转换为服务和商品这一复杂过程中的管理低效和舞弊腐败问题。

作为财政治理的外延，单位财务治理的内容应涵盖单位预算、支出、采购和资产治理四个主要方面。

一是单位预算治理。根据国内外理论研究成果，单位预算治理的重点环节在于预算决策、执行和考评。Mikesell（2005）认为，在新时期强调政府行为绩效的预算治理理念下，预算要提供有价值的服务，仅仅控制住支出的闸口是不够的，不能将预算仅仅视为防止资金盗用的一种机制。因此，单位预算不能是消极被动的，而应是严格意义上的公共财政治理下的政策落实手段，将有意识地影响单位业务涉及的所有经济管理权力的履行。单位预算要发挥应有的财政治理调节功能，就要进行合理有效的治理。单位预算决策应该优先反映合理的支出要求，不应该是一个由支出机构启动的、自下而上的过程，而应该是一个允许行政首脑从整体上考虑预算并做出决策的过程（Schick，2007；唐大鹏，2014）。概括来讲，单位预算治理是通过制约单位预算的编审、执行、决算与绩效评价环节的权力运行，从而实现预算和决算的合法性、合理性和有效性。其内容包括：其一，单位预算编审的治理。Wildavsky（1964）认为，预算需要以上一年度预算作为基础进行编制，因而容易出现预算收入隐瞒少列、预算项目随意编制等现象。因此，预算编审治理的重点在于审核预算收入和项目的合规合理性。Rubin（2005）结合美国预算编审经验提出应将专业分工和制衡机制引入编制工作，并在预算审核中根据《联邦政府阳光法案》公开编制和审核工作过程等信息，从而提高预算编审的科学性、严肃性和透明度。其二，单位预算执行的治理，主要针对预算收入的上缴、预算支出的拨付以及预算调整的流程进行管控，从而避免预算收入的截留、占用、挪用现象，实现单位预算支出按规定范围、标准及程序足额拨付，保障预算调整程序合规合法。其三，单位决算和绩效评价治理。确保单位决算及时、准确、完整编制和报送，并根据绩效管理要求对预算项目的产出、效益和满意度等方面进行绩效评价，以提升预算实施效果。

二是单位收支治理。单位收支治理主要可以分为收入治理和支出治理两个方面。Skocpol（1985）认为，政府部门实现收入并按一定方式进行支出是单位治理能力甚至国家治理能力的最基本支持要素之一。英国经济学家巴斯塔布尔（Bastable，1892）提出，"财政是关于公共权力机关的收入和支出并使其相适应的事务"，可见公共收支在公共财政体系中的地位。从收入治理方面来看，按照英国学者道尔顿（Dalton，1992）的观点，广义单位收入包括单位一切进款或收入，狭义收入仅指单位每年的定期收入。国际上所定义的政府部门收入一般是指广义的收入，即单位为了实现其公共经济职能，利用政治权力和经济权力所取得的一切货币收入。单位收入治理的具体内容应包括：其一，收入的合规合法性治理要求单位全部收入必须根据相关法律法规的颁布和更新而调整；其二，收入的完整性要求单位权力部门必须对各个收入相关业务部门进行日常监督和专项监督。单位支出治理是政府部门为履行职能，对单位支出的范围、规模、结构和效益所进行的规范和设计。Glynn（1987）认为，单位支出治理就是要确定以何种特定方式支出资金及其带来的结果。Salvatore和Daniel（2001）认为支出管理体现政府部门的政策目标，是决策与管理的统一，包括三项主要目标：总量控制、资源配置、运作管理。Premch（1999）从公共支出管理的角度，认为法治、透明度、公开性以及管理责任应贯穿于公共支出治理全过程。具体内容包括：其一，支出范围治理要求公共支出的范围和边界必须明确，与政府职能范围相适应；其二，支出规模治理要满足单位政治、经济和社会职能的需要，并通过预算体系严格控制支出规模；其三，支出结构治理要求注重各项公共支出占总体的比重，以及相互之间的比例关系；其四，支出效益治理必须满足社会共同需要，确定资源配置活动与社会实际效益之间的比较关系，评估政府资源分配的合理性和政府使用资源的有效性（何振一，2000）。

三是单位采购治理。单位采购作为政府集中采购机制的补充，必须在合理的单位治理结构下进行。Dobler 和 Burt（1986）认为，集中采购是政府部门以尽可能经济的方式和程序按可接受的质量标准进行商品和服务的大批量或同种类集中采购过程。主要治理措施包括：其一，采购计划性治理要求单位必须科学、准确编制采购预算，严格按照政府采购的各项要求，详列采购商品或服务的内容、价格、规格和性能等信息；其二，采购专业化治理要求单位必须加强审核采购预算计划，通过成立专门的采购委员会或小组优化采购决策和审核，从而降低采购成本、节约采购时间、提高采购效率；其三，采购项目科学化治理要求合理拓宽采购范围，单位采购不仅限于资产和基建采购，还可以对有确定标准和额度的商品和服务构建供应商库进行采购；其四，采购方式和程序规范化治理要求提高政府采购制度的单位落地程度，单位应根据不同的商品和服务选定相应的采购方式、制定规范的程序，确保合理、合法、公开透明地实施采购程序。

四是单位资产治理。Pallot（1990）将公共资产定义为一种可以带来公共利益的资源，也是一种享有法定权益的财产。公共资产治理是指对资产购置、运营和处置及收益分配管理过程实施的约束和制衡。Mautz（1988）从政府部门本质出发，认为应改变传统会计方法重新对公共资产进行计量，并提出将表现为现金流出的资产视为负债管理，为后续研究公共资产治理提供了新视角。单位资产治理内容应包括：其一，资产配置治理要求单位审核资产配置是否符合相关政策的要求（唐大鹏，任少波，2017）；其二，资产运营治理要求以合理、科学、有效的方式对资产运营方式、考核指标设置和产权明确方式进行管控，从而实现资产保值增值；其三，资产处置治理要求在资产处置过程中明确处置依据、处置对象以及处置过程是否符合相关规定，避免出现公共资源和资产浪费现象，造成国有资产流失等重大问题。

2.2.2　财政管理内部控制研究综述

党的十八届三中全会提出，财政是国家治理的基础和重要支柱，科学的财税体制是优化资源配置、维护市场统一、促进社会公平、实现国家长治久安的制度保障。党的十九大报告尤其全面规定了财政体制改革的重点——预算管理制度，要求"建立全面规范透明、标准科学、约束有力的预算制度"。实现财政预算权责对等成为政府内部控制分权制衡的核心任务，政府内部控制的财政治理角色主要体现在公共财政资金的分配环节中（王璐璐，唐大鹏，2017）。从宏观角度出发，财政治理主要是针对公共财政资金在各层级或同级别不同政府部门之间的分配行为，梳理和平衡财政治理结构中的各方利益。由于我国特殊的行政体制，公共财政资金的分配由诸多因素决定，除了财政部门党政正职领导干部外，还有比财政部门负责人行政级别更高的领导干部，甚至出现地方政府"跑部钱进"、高级领导干部"打招呼""批条子"等影响公共财政资金公平分配的行为乱象，严重影响了财政治理的公平性。

从不相容职能和职责分离角度来看，财政治理应实现权力制衡，即财政决策部门、财政执行部门和财政监督部门都受纳税人委托，以预算管理为手段，对公共财政资金分配进行决策、执行和监督，实现各部门之间的权力约束，防止出现道德风险和逆向选择行为。现阶段，我国财政治理借鉴国际成功经验，立足我国具体国情，以"四个自信"为行动指南，以预算管理制度、收支管理制度、政府采购制度和国库集中支付制度为基础，构建单位端、财政端、全国人大和社会各方的财政预算分权治理系统（王璐璐，唐大鹏，2017）。唐大鹏等（2015）认为，优化财政治理应当在内部控制基本原理的指导下建立一揽子改革措施体系，我国财政预算改革过程中，民主化财政治理已经成为公共财政资金分配过程中实现各相关利益主体权力、责任和利益相互匹配和平衡的最佳途径。财政预算权责对等的首要任务就是厘清预算过程中各利益主体的权力和责任分配形式，梳理其财政责任并归集其经济利益。我国财政预算利益主体间的权责对等要处理好以下几个方面的关系：全体人民与人民代表大会之间的关系、人民代表大会与政府之间的关系、各级政府部门之间的关系。

第一，从全国人民代表大会作为最高国家权力机关的立法治理来看，人民代表大会代表全体人民的利益，通过立法保障建立财政预算治理的制度基础。当前，全国人民代表大会和全国人民代表大会常务委员会行促国家立法权，在财政预算治理结构中行使预算修正权。财政治理要求建立财政预算权力分配的内部控制，其首要目标就是保证经济活动的合法合规。从国外内部控制理论和实务的发展来看，建章立制已经成为实现任何组织工作有序进行的前提和保证。奠定美国公司治理里程碑的《萨班斯-奥克斯利法案》对美国《1933年证券法》《1934年证券交易法》做出大幅修订，其404条款从内部控制原理角度对公司治理方面做出许多新的规定，堪称自罗斯福总统以来对美国商业界影响最为深远的改革法案。与公司治理相对的政府治理体系中，美国政府问责局的前身美国审计总署于1999年11月颁布《联邦政府内部控制准则》，阐述了内部控制原理在政府部门中的应用机理，及其在公共财政治理中发挥的重要作用。我国为了加强行政事业单位内部治理和防范腐败，财政部已于2012年颁布了《行政事业单位内部控制规范（试行）》，对政府内部控制中的组织架构和业务流程做了全方位的梳理和规定，其内容按照国内外的最新形势对公共预算、政府采购、工程项目和会计控制等诸多业务在政府部门领域内进行治理结构调整和业务优化，但是该规定属于国务院部门行政法规级别的规范文件，在政府部门内部执行，法律效力尚显不足。当前，随着国家治理思想逐渐融入政府部门日常工作，财政治理应当深入、集合内部控制基本原理，广泛融入治理的全民参与思想，率先完善顶层设计与法治体系建设，广泛征集不同利益主体明确的意见，集中力量积极修订与公共财政资金分配和使用密切相关的法律法规。鉴于美国等发达国家早已执行《联邦贪污对策法》《涉外反行贿法案》《政府道德法》《公务员守则和纪律条例》《公务员惩戒规则》等，我国立法部门也应适时优化《政府信息公开条例》等法律法规，依托全国人民代表大会制度，由立法机构从财政治理角度改善涉及公共财政资金分配的法律体系。

第二，从全体人民与人民代表大会的财政治理关系来看，财政预算的决策者应为全体人民，人民以纳税人身份参与财政预算收支计划的制订和监督过程，已经成为我国财政改革的趋势和方向。人民代表大会应顺应全体人民的预算参与要求，转变治理角色。胡念飞和马骏（2006）研究发现，我国一些地方政府已经逐步推行公民作为纳税人参与财政预算的编制，但是受国家政治权力分配和治理结构的制约，人民高度参与的财政预算公开体系还没有真正形成。Wildavsky（1988）认为，公共财政预算的改革必须根据政治体制改革进程来进行。党的十八届三中全会确立了我国国家治理的新型政治体系，其中一个重要任务就是深化财税体制改革、加强预算的民主参与程度。因此，当前的财政预算体系改革正处于历史的最佳时机。尽管人民代表大会作为公共财政预算的监督者角色已经深入我国政治体制中，但是在新型国家治理结构下，其角色转换已经成为一种必然选择，即受人民的委托，成为财政预算的实际决策者和执行监督者。Rubin（1997）认为，现代财政治理结构下的公民和利益团体必须可以方便地进入财政预算决策过程。我国人民代表大会制度必须针对国家治理的新目标深化改革，财政预算从草案开始便实行公开，确保每一位公民都可以参与预算决策和监督过程，尤其是保障不同利益团体都能在预算决策、执行和监督过程中得到公平对待。苏辛辛（2004）认为，不同利益主体参与的预算听证会使得全体人民在一定程度上影响财政预算资金的安排，形成"政府掌勺、群众点菜"的财政治理良性循环。现阶段，各级政府部门的预算听证会和民主恳谈机制作为全体人民参与预算过程的重要方式和手段，体现出来的预算开放性和公开性也是财政治理的内在要求。

第三，从人民代表大会与政府的财政治理关系来看，财政治理在这一阶段可以分为预算草案形成和预算决策两个部分。根据委托代理理论，财政治理是政府与全体人民天然形成的一种契约关系，由代表全体人民利益的立法机构代位保障。Potter 和 Diamond（1999）认为，如何在立法机构和政府之间分配财政预算权力是国家治理的核心问题之一。不同的预算权力结构会产生不同的预算形成和决策程序，也就按照不同的预算决策规则履行财政治理契约。从我国政治体制改革和预算治理传统上来说，政府部门往往是财政预算的实际决策者，人民代表大会在财政预算决策过程中的功能被弱化，导致其作为财政预算过程真正的决策角色长期缺位。调查显示，在我国目前的政治框架体系内，财政预算监督权是人民代表大会唯一可能获得的权力（马骏，2010）。目前，依据我国各地制定的人民代表大会预算监督条例，人民代表大会常务委员会实际执行监督职能，并设置财经委员会以提高人民代表大会的机构组织和协调能力。但是从受托责任履行角度来看，财政治理要求人民代表大会必须转变过去"重结果监督轻编制决策、重事后评价轻事中监控"的工作方式，在各级地方政府预算形成过程中发挥决策职能，由人民代表大会做决策，最终形成政府预算。因此，财政治理应强调健全人民代表大会对政府预算的审查程序，并从初审和会审两个阶段对财政预算进行对应范围的征求意见，通过预算草案的实时公开扩大人民的听证范围，建立并强化各级人民代表大会财经委员会的工作机制，梳理其与财政部门、审计部门之间的财政决策和监督关系（唐大鹏等，2015）。

第四，从各级政府部门间的财政治理关系来看，我国政府部门预算改革正是对这种财政治理关系的持续修正和完善，其治理手段就是一系列行之有效的预算程序。如果预算程序是合理的，那么预算结果也应当是可靠的。为了保证预算决策在执行过程中的合规合法，政府部门必须设计体系完善的内部财政预算治理结构及其配套的预算程序。从政府部门不同层级和各级政府的不同职能部门来看，财政预算关系可以从自上而下和自下而上两个方向进行构建。在政府部门内部治理结构中，财政部门作为财政预算的核心部门将起到至关重要的作用。各级财政部门不仅向上起到汇总上报本级预算的职能，向下还起到分解预算指标到本级各部门的职能，从而发挥"上传下达"的治理作用。

总之，财政治理必须通过财政预算分权制衡来完成，从立法决策、协作执行和共同监督三方面对公共财政资金运行过程的每一环节设置制度规范和操作程序，明确不同参与方的职责，从而形成权力相互制约的运行过程。党的十九大后，政府应当更为积极地健全现代财政制度，建立规范透明、标准科学、约束有力的预算制度，构建信息畅通的传导机制、共同参与的运行机制和内外双向的监督机制。

2.2.3　政府内部控制研究综述

在国家治理体系和治理能力现代化建设背景下，如何结合我国实际国情，理清政府内部控制的基本内涵并搭建有效的政府内部控制框架体系，已经成为重要议题。对国内外政府内部控制经验进行总结，则为构建我国政府内部控制体系框架提供了对比和借鉴的素材，并为进一步认清我国实际政治体制特点提供了契机。

1）国外政府内部控制的理论研究

（1）美国联邦政府内部控制的理论研究

纵观世界各国，美国政府内部控制体系特征明显且较为成熟，具有一定的代表性。政府通过建立以全面预算管理为主线、以基金制度管控为核心的政府内部控制体系，规范预算权在各部门间的合理分配，避免舞弊腐败、事权与财权不匹配、运行效率低下等问题，这是值得中国借鉴的。尤其在2014年9月美国政府问责局最新修改的《联邦政府内部控制准则》（Standards for Internal Control in the Federal Government，亦称"绿皮书"）中，将联邦、地方及其他政府组织都纳入绿皮书的主体范围，提出实现政府目标是一个全员参与、多方协同、互相制约的过程，强调这个过程需要部门间权力的合理配置和相互制衡，从而进一步完善了美国政府内部控制体系。

美国建国初期，为实现国家统一并兼顾各方利益，建立起以财政预算为中心的三权分立总统共和制政体。所谓分权制衡体系就是美国宪法不仅仅赋予每个分支一些权力，而且还赋予每个分支某些高于其他分支的特定权力。在 Brueckner、Albornoz 和 Cabrales 看来，美国正是运用这种分权制衡的方式来防止权力滥用、减少舞弊腐败、提高公共资源使用效率和政府治理能力。具体来讲，国会制定法律，但总统可以否决国会制定的法律；反之，国会也可以推翻总统的否决。同时，如果发现任何法律违背了宪法，最高法院都可以推翻；最高法院大法官任职实行终身制，但他们是由总统任命的，总统任命的最高法院大法官须经参议院批准，而且最高法院大法官也可能受到弹劾。美国政府设计这样一个连锁系统的目的正是防止任何一个联邦政府分支获得太大的权力。此外，美国国会的财政控制权也称财政权，是制约和监督政府部门职能履行的重要手段，政府部门所从事的各种活动需要国会的经费拨付。美国国会掌握着财政预算的审批权和提案权，以此监督总统财政预算的起草情况，从而实现财政预算编制与审批的权力制衡。尽管如此，王熙指出总统行政权和法院司法权对国会立法权的制衡也导致国会财政控制权的行使受到制约。因此，美国把握财政预算这一管控主线，秉承分权制衡这一核心思想，在国会、总统与法院权力博弈过程中通过内部控制管控权力顶层设计。美国三权制衡模式如图2-4所示。

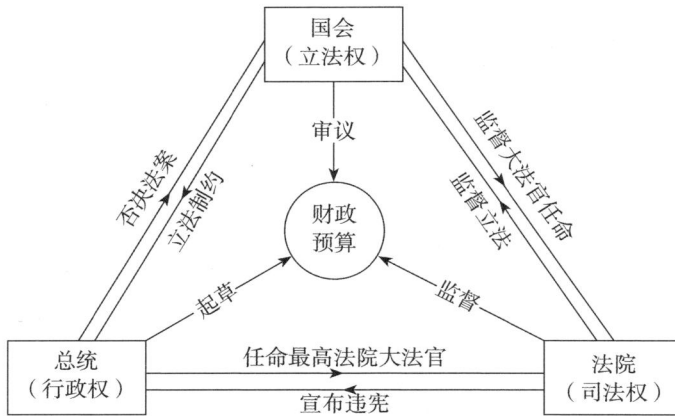

图2-4 美国三权制衡模式

美国联邦政府内部控制起步较早，基于政府内部控制的实施范围及作用功效，美国联邦政府内部控制发展先后经历了财务内部控制阶段、管理内部控制阶段和系统内部控制阶段（王小龙等，2018）。

财务内部控制阶段的代表性法规包括《预算与会计法案》（1921年）、《会计审计法案》（1950年）等。这一时期在有关内部控制组织架构设置方面，主要是将政府内部会计控制和督察的权责从财政部分离出来，将其赋予新设立的审计总署（GAO），同时要求各部门设置内部审计机构，从而有效审计本部门的预算收支内部控制建设情况。在内部控制实施范围方面主要围绕财务会计领域，通过加强对财务事项的检查或复核，有效防范腐败、舞弊和浪费。

管理内部控制阶段的代表性法规包括《督察长法案》（1978年）、《联邦政府内部控制准则》（1983年）、《单一审计法案》（1984年）和《首席财务官法案》（1990年）等。为进一步推动内部控制的实施效果，联邦政府主要部门设立督察长办公室（OIG）并赋予其调查权限，对部门发生的舞弊、管理失当开展调查和审计评估；同时要求各联邦政府部门设立首席财务官，对财务管理框架及内部控制活动负责。在内部控制实施范围上，从单纯的财务审计拓展到了预算管理的整个过程；同时以《单一审计法案》实施为标志，要求将政府内部控制进一步扩大到接受联邦拨款的州及其他各级地方政府。这一时期，内部控制开始强调受托责任，强调要求各联邦机构根据总审计长规定的标准，建立内部会计和管理控制体系，将内部控制要求贯穿内部预算收支的全过程，并在年度财务报告中对内部控制系统的充分性进行持续评估和报告，而《联邦政府内部控制准则》（1983年）的颁布则为如何开展内部控制提供了指引。

系统内部控制阶段的代表性法规包括《政府绩效与成果法案》（1993年）、《政府管理改革法案》（1994年）、《联邦财务管理改革法案》（1996年）等。这一时期政府内部控制的发展主要是受到反欺诈财务报告全国委员会（COSO）发布的《内部控制——整合框架》（1992年）、国会通过的《萨班斯-奥克斯利法案》（2002年）的影响，其结果体现在GAO于2014年重新修订了《联邦政府内部控制准则》，基本上实现了与企业内部控制框架的趋同，同时强化了绩效导向的相关要求。

美国联邦政府内部控制内容主要体现在内涵、目标和要素方面。在基本内涵方面，1999年GAO发布修订后的《联邦政府内部控制准则》，明确将内部控制定义为"内部控制是管理一个组织的主要部分，包括实现目标的计划、方法和程序，并对以绩效为基础的管理提供支持"。2014年修订的《联邦政府内部控制准则》则定义为"内部控制即是通过管理实现机构目标的过程"。可以看出，联邦政府内部控制突出了内部控制的管理属性。在目标方面，《联邦政府内部控制准则》（2014）将内部控制目标分为3类：（1）运行目标——联邦政府机构运行的效果和效率；（2）报告目标——对内对外使用的报告的可靠性；（3）遵循性目标——遵循适用的法律法规。在要素方面，借鉴1992年版《内部控制——整合框架》和2013年版的《企业风险管理——整合框架》之后，《联邦政府内部控制准则》（2014）明确提出了政府内部控制5要素框架，包括控制环境、风险评估、控制活动、信息与沟通、监督。内部控制5要素分别制定了每一要素下的相应原则，共计17项原则。这17项原则支持相关要素的设计、执行和运行，也代表了建立有效内部控制系统的必要要求。美国联邦政府内部控制要素及原则见表2-1。

表2-1　　　　　　　　　　　**美国联邦政府内部控制要素及原则**

一	控制环境
1	组织的监督机构和管理层申明对诚信和道德的承诺
2	监管机构应当监督组织的内部控制系统
3	为了实现控制目标，管理层应当建立组织架构，对权力和责任进行分配
4	管理层对吸引、培养和保留胜任能力的人才做出承诺
5	管理层应当评估绩效并且保持员工对内部控制职责负责
二	风险评估
6	管理层应当清晰地定义目标从而能够识别风险和定义风险可承受能力
7	管理层应当识别、分析及应对与完成既定目标相关的风险
8	管理层识别、分析和应对风险时应当考虑潜在的舞弊
9	管理层应当识别、分析和应对可能影响内部控制系统的重大变化

三	控制活动
10	管理层应当设计控制活动以实现目标并应对风险
11	管理层应当设计组织的信息系统和相应控制活动以实现目标应对风险
12	管理层应当通过政策来实施控制活动
四	信息与沟通
13	管理层应当利用高质量信息以实现组织目标
14	管理层应当与内部沟通必要高质量信息以实现组织目标
15	管理层应当与外部沟通必要的高质量信息以实现组织目标
五	监督
16	管理层应当建立和运行监督活动以监督内部控制系统并评估结果
17	管理层应当及时纠正已识别的内部控制缺陷

可以看出，美国联邦政府内部控制通过不断发展，在实践范围以及功能范围上都有所扩展。同样，对于我国内部控制理论和实践发展需求来讲，当前我国行政事业单位内部控制一方面面临着如何将适用范围由经济活动拓展到全部业务活动、内部权力运行活动的问题；另一方面则面临着如何构建与我国治理体系和治理能力相适应的政府内部控制框架体系的问题。因此，加强对国外政府内部控制的比较和经验借鉴，可以加深对构建适合我国实际的政府内部控制理论框架的理解。

（2）其他国家政府内部控制的理论研究

对其他国家政府内部控制的研究进行分析表明，地方政府的分权改革是对内部控制建设重要性认识提升的一个重要影响因素。自1995年第22号法令发布及2014年经修订后发布的23号法令，印度尼西亚在地方政府上的分权改革使得如何实现好的公共治理成为关键问题。Yurniwatia、Afdhal Rizaldi（2015）通过分析认为，作为拥有自治权的大部分印度尼西亚地方政府都面临着治理问题，特别是关于更具效率、更有效果、更透明和更负责的财务管理，而造成财务管理上的局限正是由于内部控制系统的缺陷，尤其是不良的内部控制环境。Mustafa Balta-ci、Serdar Yilmaz（2006）认为，为提高公共服务水平和行政管理系统的效率，发展中国家的财政分权已成为公共部门改革的中心，但由于缺少公共财政管理系统导致分权改革的同时在地方政府层面突出存在浪费、腐败、效率低下现象。尤其针对发展中国家地方政府的内部控制建设主要集中在事前支出控制和合规审计方面，同时存在法律法规的遵循问题以及税收不规范问题。因此应通过建立现代内部控制和政府审计系统来加强中央和地方政府的公共财政管理实践，并作为财政分权计划的重要组成部分。

另外，新公共管理改革对提高公共服务供给能力的要求也提升了对内部控制的重视。Iris Saliterer、Sanja Korac（2013）认为新公共管理激励改革从根本上改变了政府结构，地方公共服务突出表现出多样化和碎片化的特征，因此也给地方政治家和公共管理者在内部控制和外部问责方面带来了挑战，而绩效信息则是解决上述问题的关键。因此通过以澳大利亚中小型地方政府为样本，对政治家和公共管理者出于内部控制目的或外部问责目的使用绩效信息的情况进行了检验，发现在更大程度上是出于外部问责目的去使用绩效信息而非内部控制目的。Elisabetta Reginato 等（2011）认为，受新公共管理改革的影响，新公共财政管理改革作为新公共管理改革在公共组织信息系统上的分支任务被推动开展起来，因此也引发了对一系列内部控制工具和技术的运用，包括1995年颁发的第77号立法法令和1998年颁发的第286号立法法令，其中后者重组了监督和评价公共行政活动的机制和工具——内部控制改革——引入行政和会计审计的分离、战略控制、管理控制和人员业绩评价。包括内部控制改革在内的意大利地方政府改革是与"问责制（accountability system）"概念存在紧密关联的，其含义并非在于对规则和程序的简单遵循，而是通过向市民提供账务信息说明成果的取得情况以及资源的利用情况。因此意大利内部控制的改革也突出了外部问责的考虑。

（3）国内外政府内部控制理论研究对比分析

可以看出，美国联邦政府内部控制经过长期发展，仍在政府内部控制研究领域中占据主导地位，取得了实施效果并产生了广泛的国际影响力。那么，美国联邦政府内部控制是否适用于我国实际国情呢？对比中美两国的内部控制实施所对应的国体和政体环境，可以发现如下差异：

①国体差异因素分析

西方国家的政府内部控制研究是基于政治与行政二元结构性分离范式背景下开展起来的。从政治生态的角度来看，政治与行政二分的原则，是多党竞争政治下所做出的无奈选择。在政治领域中促进民主，在行政领域中建构集权。这样既能保障公共意志的表达，同时也能够保障公共行政的执行效率。在基本内涵方面，最早是由威尔逊通过把政治与行政分离开来提出的，支撑这一认识的主要观点在于："行政是一切国家所共有的相似性很强的工作，是行动中的政府，是政府在执行和操作方面最显眼的部分，政治是政府在重大而且带着普遍性事项方面的国家活动，而行政是政府在个别、细致而且带技术性事项方面的国家活动，是合法的、明细而且系统的执行活动。"因此，在这一思想理念的影响下，美国联邦政府内部控制研究倾向于聚焦行政活动，而未能表现出对政治影响因素的关注，这一直接体现就在于未能考虑到政党因素的影响。

对于我国来讲，区别于政治与行政二分意义上的政党政治与政府行政的结构性分离，我国实行的则是政治与行政二元功能性分化，其本质在于通过处理好党和政府的关系来改变或改善党的领导方式的范畴，解决权力过分集中的问题，而不在于结构性改变的含义。在政治与行政的结构性分离情境中不存在什么党的领导的问题。我国政府内部控制的研究则是在政治行政二元功能性分化前提下，"体现着我国基本政治制度最本质的要求和内容"，着眼于推进经济社会科学发展与行政体制改革，所生成的一种体制性、机制性、面向政府自身的综合治理体系。

在对政府内部控制理论框架进行构建时，自然要考虑到如何落实党的领导问题。这一问题在对国有企业内部控制问题进行研究过程中也有所提及，其主要观点在于：国有企业均设有中国共产党的基层组织，行政与党委的关系是国企内部控制研究中绕不开的话题。而通行的COSO报告的对象是私有企业，没有党组织的存在，并且即使是美国的国企，也不像中国的国企设置有党组织，中国共产党的组织体系与美国民主党或共和党的组织体系完全不同。在美国，内部控制的研究可以不涉及党组织的问题，但在中国，回避行政与党委的关系无论如何都是不适当的，甚至可以说是完全错误的（李心合，2013）。

因此，政府内部控制建设在落实政府治理要求的过程中，应切实发挥党的领导核心作用。国家治理的总体战略是党的领导、人民当家作主和依法治国有机结合。因此在中国特色社会主义道路的既定方向上，在落实政府治理的相关要求和开展政府内部控制建设进程中，应切实发挥党的领导核心作用，在中国特色社会主义制度的完善和发展的改革意义上，由中国共产党领导人民科学、民主、依法和有效地治国理政。

②政体差异因素分析

现代国家结构形式包括单一制和联邦制两种基本类型。而美国是联邦制的典型代表。美国联邦制是指由联邦政府和州政府共同组成并分享权力的制度，其核心内容是各州在尊重和维护联邦权力的前提下行使各自的政治和经济自主权，联邦与州之间的权力范围由宪法予以明确。美国联邦主义的天然"缺陷"在于，分散的政治结构常常导致政策的不一致性和政策实施过程中的低效率以及联邦资源分配的不平衡所造成的地区间矛盾。这就导致了美国在推动政府内部控制时缺乏整体推动各级政府统一实行的能力，因此其主要定位在联邦政府层次的各政府部门，缺乏对地方政府的强有力约束（虽然2014年新修订的联邦政府内部控制准则在前言中明文规定了"该准则也可以适用于州、地方和准政府实体，以及非营利组织"，但在强制推动能力上不强）和对不同政府部门之间、不同层级政府之间关系的衔接考虑。

而我国作为单一制国家，实行的是单一制政体，强调的是国家权力向中央政府集中和对重大事件的集权决策。因此，在政府内推行内部控制，中央政府对地方各级政府具有直接、不容置疑的影响力。我国行政事业单位内部控制建设工作的推动就是在全国各级行政事业单位中展开的。我国集权特点决定了对政府领域内部控制建设和研究的关注不仅仅局限在单个的政府部门，而是同时关注不同层级政府部门之间的关系，这一点主要在我国当前政府领域的内部控制实践特点中表现出来。这同时也是我国不仅仅局限在推行行政事业单位内部控制，更是从统筹各级政府、各类政府部门关系角度出发，构建政府内部控制体系框架的原因所在。

综上，鉴于我国独特的政治体制特色，我国政府内部控制体系框架的构建不存在可直接借鉴的样板。从理论研究来讲，关于如何搭建政府内部控制框架，目前有两种观点：一种观点主张政府内部控制在构建时应该充分借鉴美国COSO及企业内部控制的建设经验，围绕控制环境、风险评估、控制活动、信息与沟通、监督五要素加以展开；另一种观点则主张基于我国实际政治体制等实际国情，坚持以理顺业务运行逻辑作为出发点，来构建我国政府内部控制体系框架，在构建内容方面包括单位层面和业务层面（刘永泽等，2015）。对此，与不加考虑直接照抄照搬企业内部控制框架及国外政府内部控制建设经验相比，本研究则认同应该从我国实际国情出发，综合考虑我国政治和行政功能二分现状以及单一制下不同层级政府之间的密切关系，在坚持党的领导核心作用和理清经济活动、业务活动和内部权力运行活动中不同政府部门、不同层级政府关系的基础上，有效衔接我国现行推行行政事业单位内部控制建设的实践。而我国政府内部控制体系是一个从微观走向宏观的过程，从单位内部控制出发，到财政管理内部控制，最后走向政府内部控制，因此要根据实际情况，搭建符合我国国家治理要求的政府内部控制体系框架。

2）我国政府内部控制的理论研究

我国较早就已经开展了政府领域内部控制的研究工作，2008年6月，在财政部、证监会、审计署、银监会、保监会联合颁发《企业内部控制基本规范》以及有关内部控制的具体指引陆续发布后，相关部门在研制企业内部控制规范的过程中也已关注到政府及非营利组织的内部控制问题。财政部在企业内部控制标准委员会下，就专门设立了政府及非营利组织内部控制标准咨询专家组，并启动了相关课题的研究工作（刘玉廷，王宏，2008）。同时理论界也积极借鉴以美国为主的政府内部控制理论经验开展研究（王光远，2006；刘玉廷，王宏，2008；张国清，李建发，2009；刘永泽，况玉书，2015等）。总体来讲经验总结如下：第一，企业内部控制先行于政府内部控制，因此对政府内部控制研究应充分借鉴企业内部控制的理论及方法；第二，政府内部控制建设是一个逐步完善的过程，在立法的推动下，呈现由会计控制、管理控制发展到信息化全面控制；第三，政府内部控制研究应充分借鉴公共管理理论、公司治理理论、企业家理论、现代契约理论等，从而实现自身理论内容的充实与发展。

政府内部控制是相对于行政事业单位内部控制和财政管理内部控制来说的，是更为宏观的内部控制概念。政府内部控制可分为三个层级：一是多级政府之间的经济治理关系与治理机制；二是同级政府中各个政府部门之间的经济治理关系与治理机制；三是政府部门、政府部门内部各行政单位和事业单位之间的经济治理关系与治理机制。各级政府到政府组成部门，再到政府部门内各个行政事业单位，三个层级的内部控制关系未梳理界定清楚，因此会出现"九龙治水"的治理难题。

会计改革与发展的"十三五"规划将政府内部控制作为重要改革任务，要求按照党的十八届四中全会关于"对财政资金分配使用、国有资产监管、政府投资、政府采购、公共资源转让、公共工程建设等权力集中的部门和岗位实行分事行权、分岗设权、分级授权，定期轮岗，强化内部流程控制，防止权力滥用"的要求，研究制定政府内部控制规范和非营利组织内部控制规范，修订《行政事业单位内部控制规范（试行）》，将行政事业单位内部控制对象从经济活动层面拓展到全部业务活动和内部权力运行。因此，诸多学者也都在不同程度上开始对政府内部控制展开研究。唐大鹏和任少波（2016）指出，政府内部控制既包括针对各级政府层面财政资金分配的控制，也包括对各预算单位财政资金使用的控制。广义的政府内部控制还要包括负责国有资本经营和国有资产管理的国有企业内部控制，即以公共财政资金界定的公共部门内部控制。而狭义的政府内部控制一般指政府部门内部控制，个别研究也有指代财政管理内部控制，概念尚未统一（刘玉廷，王宏，2008；张国清，李建发，2009；张桂义，2012；刘永泽，况玉书，2015）。因此，结合理论界和实务界对内部控制体系的研究，本研究使用的政府内部控制概念，既包括以财政预算为主线参与预算分配的政府各主体间的权力制衡机制，又包括以部门预算为主线参与预算使用的政府部门内部各科室及岗位间的权力制衡机制。所以，政府内部控制的范围应涵盖政府预算的决策部门、执行部门和监督部门。政府内部控制是为保证政府（机构或组织）有效履行公共受托责任，杜绝舞弊、浪费、滥用职权、管理不当等行为而建立的控制流程、机制与制度体系（王光远，2009）。对于单位内部控制与政府内部控制的关系来讲，有学者认为政府内部控制往往立足于宏观的政府部门体系，将各级政府作为一个整体进行研究，因此只能提出原则性的要求，在施行层面往往缺乏针对性和可操作性。而单位内部控制则立足于各层级政府中的部门及下属单位，围绕各类型的行政事业单位，更具有可行性（刘永泽，唐大鹏，2013）。同样对于政府部门内部控制与政府内部控制的关系来讲，也存在主体涵盖范围、目的方面的差别。具体来讲，政府内部控制对应广泛意义上的政府整体，以满足公共利益为目标，以追求社会效率和公平之间的平衡为价值取向（刘永泽，张亮，2012）。而政府部门内部控制则以各层级政府职能部门为主体，因此以政府行政行为的合法性、财务报告的真实性与资源调配的适当性为核心关注点（刘玉廷，王宏，2008）。另外，也有学者认为政府内部控制等同于政府部门内部控制，即政府内部控制是由政府部门（或单位）决策层、执行层、监督层和全体工作人员共同实施的、旨在合理保证实现政府部门（或单位）控制目标的过程（樊行健，刘光忠，2011）。对于政府内部控制要素的研究较为零散，还缺乏体系化的研究，但综合诸多研究文献，与政府内部控制要素相关的研究内容主要包括组织层面、业务层面、信息系统层面和评价与监督层面四个方面的内容。

（1）组织层面

与政府内部控制相关组织层面研究主要包括组织机构设计、运行机制设计和职能分工设计等方面内容。对于组织架构设计，相关研究（田祥宇，王鹏，唐大鹏，2013；李玉保，2014；姜韵宜，2015；唐大鹏，李鑫瑶，王晨阳，2016；柳光强，王迪，刘俊贵，2017；唐大鹏，王璐璐，武威，2017等）主要认为组织架构方面的制度完备情况是内部控制的基础，主要探讨单位"一把手"承担的内部控制建设职责，对于从根本上提高政府内部控制管理水平意义显著。对于运行机制设计，相关研究（蔡丽兰，镇杨，2009；秦凯，2010；田祥宇，王鹏，唐大鹏，2013；李秀丽，2014；唐大鹏，武威，王璐璐，2017等）主要认为，运行机制方面的制度完备情况贯穿政府行政运行与业务履职始末，主要围绕决策、执行与监督机制制度设计展开。其制度体系是政府内部控制建立与实施的基本准则与内部依据。对于职能分工设计，相关研究（茆晓颖，孙文基，2010；刘淑玲，刘蒙，2011；唐大鹏，李怡，王璐璐，2015；唐大鹏，李鑫瑶，王晨阳，2016；唐大鹏，王璐璐，武威，2017等）主要认为，职能分工方面的制度完备情况是内部控制运行机制落实的基础，影响内部控制整体格局。确保政府不同部门的职能分工以及政府内部的各厅局、各处室、各岗位的职能分工有据可依。

（2）业务层面

与政府内部控制相关业务层面研究主要围绕预算管理、收支管理、采购管理、合同管理、建设项目管理、资产管理等领域展开。

第一，对于预算管理，相关研究（刘开江，于绍强，郑敏，2012；李秀丽，2014；关振宇，2014；高嵩，王静，2015；骆良彬，乔丹，2016；吴爱琴，吴丽，2016；王璐璐，唐大鹏，2017等）主要认为，加强预算管理是实现内部控制的关键，发挥内部控制的主线作用。但预算管理存在着编制不科学、执行分析薄弱、调整频繁、结果运用缺失等问题。第二，对于收支管理，相关研究（宗文龙，魏紫，于长春，2012；刘永泽，唐大鹏，2013；高嵩，王静，2015；唐大鹏，吉津海，支博，2015；唐大鹏，孙晓靓，王璐璐，2017等）主要认为，收支控制是对单位资金流进行的直接管控，收支控制的不当会影响财政资金安全性。其中，对支出分类管理是支出管理的核心，单位应完善分类管控机制，以强化支出控制。第三，对于采购管理，相关研究（程晓陵，王怀明，2008；江苏省行政事业单位内部控制研究课题组，2014；黄新，2015；唐大鹏，高勤，2015；唐大鹏，李鑫瑶，王晨阳，2016等）主要认为，采购业务案发偏多、易滋生腐败，尤其招投标环节易影响资金使用效率。采购管理应明确流程节点、加强采购监督，完善内部采购管理模式设计。第四，对于合同管理，相关研究（周永华，徐怡，2011；刘永泽，张亮，2012；刘永泽，唐大鹏，2013；唐大鹏，吉津海，支博，2015；王晓燕，徐倩倩，2016；唐大鹏，王美琪，滕双杰，2017等）主要认为，合同控制是单位经济业务合规性目标的重要保障，有效的合同管理能够加强对单位行为的监督，但单位缺少有效的合同管理机制。第五，对于建设项目管理，相关研究（刘永泽，唐大鹏，2013；唐大鹏，于洪鉴，2013；江苏省行政事业单位内部控制研究课题组，2014；孙楠，2016；唐大鹏，常语萱，王璐璐，2016等）主要认为，建设项目管理中，前期论证、立项评审及竣工验收不科学等问题普遍，概预算、工程招标等关键环节尚未规范，应运用内部控制手段避免工程资金高估冒算、招投标环节暗箱操作等问题。第六，对于资产管理，相关研究（刘永泽，唐大鹏，2013；李秀丽，2014；骆良彬，乔丹，2016；唐大鹏，2016；唐大鹏，任少波，2017等）主要认为，资产是预算单位行政运行或业务履职的重要保障，按照类别和流程两方面完善。但是管理范围尚不全面，对于除固定资产外的其他实物资产、对外投资及无形资产缺少相关规定。

（3）信息系统层面

①推动实现内部控制信息化具有必要性。内部控制信息化系统将内部控制思想、机制设计、业务流程和内部监督等通过信息化落地，实现内部控制的系统化与常态化，促进行政事业单位向例外管理转型，实现各业务的标准化与流程化管理，排除人为干扰因素，保证内部控制的实施效果。与政府内部控制相关的信息系统层面主要研究（刘艳红，2012；赵丽君，刘冬梅，2015；刘琳，2015；周卫华，2016；唐大鹏，武威，王璐璐，2017；唐大鹏，张琪，李峻，2017等）认

为，随着信息技术的发展，移动支付、电子验收等模式愈发普遍，行政事业单位进行信息系统建设的必要性凸显，而推动实现内部控制信息化的必要性有以下原因：

第一，国家治理体系要求内部控制信息化落地。一方面，从组织架构层面，内部控制信息化系统整合是机构改革的重要保障。党的十九大报告提出要善于运用互联网技术和信息化手段开展工作，增强驾驭风险本领，健全各方面风险防控机制。党的十九届三中全会要求加快推进机构、职能、权限、程序、责任法定化，全面推行政府部门权责清单制度，规范和约束履职行为，让权力在阳光下运行。因此，机构改革和信息化手段的充分结合是内部控制工作的新任务。另一方面，从业务流程层面，内部控制信息化的落地实施是财政体系的重要支撑。党的十九大报告提出要加快建立现代财政制度，建立权责清晰、财力协调、区域均衡的中央和地方财政关系，要建立全面规范透明、标准科学、约束有力的预算制度，全面实施绩效管理。这也要求建立预算管理和绩效管理相融合的内部控制信息化程序。

第二，制度规范体系引导内部控制信息化落地。通过固化制度及流程设计，从"人控"转变为"机控"。《行政事业单位内部控制规范（试行）》提出"单位应当充分运用现代科学技术手段加强内部控制，对信息系统建设实施归口管理，将经济活动及其内部控制流程嵌入单位信息系统中，减少或消除人为操纵因素，保护信息安全。"而流程固化和控制偏差只能通过信息化手段完成。《关于全面推进行政事业单位内部控制建设的指导意见》中强调"单位主要负责人应当充分利用信息化手段，组织、推动本单位内部控制建设，并对建立与实施内部控制的有效性承担领导责任。"这也明确强调了单位领导对内部控制信息化的应有的重视。

第三，内部控制评价报告倒逼内部控制信息化落地。一方面，以评促建，将内部控制体系信息化建设纳入基础评价范围，从业务和单位层面明确提出内部控制信息化落地的具体要求和评分规则，赋予较高权重，并将内部控制管理信息系统功能进一步细化为覆盖主要业务控制及流程、系统设置关键岗位账户并体现其职权两大方面。另一方面，以报促建，2016年和2017年行政事业单位内部控制报告都赋予内部控制信息化落地很高权重，凸显出信息化落地的未来方向。

单位根据财政部门等外部监管部门的要求，统一信息口径，规范信息内容，既要在单位内部增强领导决策相关性，还要在政务信息公开过程中，真实、及时和完整披露单位社会职能的履约情况，增强外部信息使用者对财政预算和决算信息的可理解性，实现单位内外部信息协调与沟通，确保信息在单位组织层级与业务层级之间，以及单位与外部的财政部门、审计部门、纪检监察部门、采购供应商、中介机构、新闻媒体和社会公众等之间进行顺畅沟通和反馈。应加强内部控制信息化应用，且内部控制信息系统重点在于整合政府部门所有信息，避免信息壁垒，降低信息碎片化程度，为建立政务信息大数据提供支撑。信息与沟通是政府保证信息收集、制作与传递，确保信息在政府内部与外部之间的有效沟通。

②当前单位内部控制信息化落地存在一些问题。一方面，宏观层面——信息化建设外部环境尚未达到最优。行政事业单位受制于内部控制基础、政策要求、资金投入、资源环境等方面的限制，对其内部控制信息化实施产生不利影响。第一，国家整体内部控制基础处于起步阶段。企业内部控制从1992年市场经济体系建立之时，就逐渐引入COSO内部控制制度建设要求，开始进行上市公司内部控制信息化建设，在很大程度上实现了内部控制的五大目标。经过近20年的探索总结，企业内部控制信息化体系日趋完善。行政事业单位内部控制起步较晚，而针对原有六大基础业务的信息化模块的整合更是刚刚启动。因为单位资金都是公共资金，且必须在党中央国务院的战略部署下使用，无法与上市公司信息披露基础上的运营自主性相比，单位内部控制的基础应当是对党中央、国务院战略部署和国家法律法规的解构和本地化制度落地。第二，国家内部控制政策推动力度有待强化。财政部对上市公司内部控制信息化建设的政策要求虽然并不是强制性的，但是由于内部控制评价报告和审计报告是强制披露的，因此内部控制信息化建立健全中的问题将作为重大缺陷进行披露，间接产生强大的外部压力。单位内部控制信息化建设的动力主要来自财政部文件和主管部门工作文件，但是缺乏刚性条款和考核问责制度，且单位风险防控意识较弱，创新管理方式的探索意识不强，导致推进内部控制信息化建设的步伐节奏偏慢、偏小。这就要求财政部门要出台更加细致的内部控制信息化考核和报告要求，巡视、监察和审计也要把内部控制信息化作为单位内部管理水平的评价依据进行监督。第三，内部控制建设缺乏社会资源有效支持。国内外各软件公司、专家资源集中于起步较早的企业内部控制信息化，其对企业内部控制信息化的效率性建设认识较深。相比之下，社会中介力量或专业机构对于单位财政财务管理信息化的关注不足，对内部控制信息化建设所必需的国家法律法规、上级工作部署和单位工作规范的专业研究较少，照搬COSO管理咨询问卷模式做风险评估数据分析，基本无法满足全面合规合法解构和业务流程运行的大数据建设，更是缺少必要的财务专业指导、行业数据分析、软件技术支持和研发力量投入。第四，内部控制系统建设受到资金约束较大。企业内部控制信息化建设虽然资金投入大，但是信息化的投入带来了实实在在的经济效益的提升，在此前提下，企业愿意将部分资金再次投入到不断优化的系统建设中，如此正向循环，系统得以更新换代。而行政事业单位受制于预算管理所限，投入带来的社会效益不好量化，个别领导没有完全践行"功成不必在

我"的政绩观，忽略了信息化建设的规划性和长期性，无力或不愿继续加大对内部控制建设的投入以推进工作。

另一方面，微观层面——信息化建设内部准备尚未完全齐备。行政事业单位在职能目标、行政管理、组织文化和机制设计等四个方面与企业的巨大差异对内部控制信息化实施产生了重大影响。第一，公共服务职能目标尚未完全明确。企业设置的职能和目标即经济效益最大化，而内部控制信息化通过职能分工、责任岗位和业务流程等方面的平台线上管理，在企业效率效益上的贡献则是毫无疑问的。而单位设置的职能目标就是完成党中央国务院的战略部署，实现社会效益最大化。单位往往更加注重公众服务的业务平台系统，而忽略了过程中与业务活动匹配的经济活动内部控制系统，没有充分重视财政财务管理的"以政控财、以财行政"的理念，缺乏业财融合基础和资金管理保障的信息系统，也就没法真正保障公共服务职能目标的实现。第二，行政管理组织架构有待精简优化。企业管理架构要求全部业务垂直化管理并实现信息化，内部控制体系采用决策制衡机制，赋予审计委员会独立职责，并对 ERP 系统进行全方位的信息监控。而单位则是条块化管理的首长负责机制，内部控制体系的机构大多是要求成立领导小组并由单位一把手挂帅，内部控制信息化牵头部门往往由财务部门设计，信息化部门落地，但业务部门的信息化系统配合度不够，与内部审计部门和信息化部门的职责还有不少交叉，降低了效率。第三，单位组织文化建设仍需持续深入。企业发展追求并鼓励创新，这一目标要求内部控制信息化要实现机控，淘汰人控，并投入大量人力物力财力去进行产品科学技术、经济管理活动的创新，不断提高效率。单位则往往追求稳定发展的目标，但稳定的标准有时并不是制度的稳定，而是单位领导意志的稳定，很多决策管理程序在一定程度上还是依靠领导意愿，而不是根据上位法和集体决策的科学内部控制程序，导致领导对于内部控制信息化的程序固化这一科学组织文化并不是非常重视，并没有把信息化建设作为一项政治任务和党建文化来完成。第四，预算绩效评价机制有待持续完善。企业会根据效率效果的实现制定绩效薪酬激励机制，依据就是 ERP 内部控制管理系统中的数据，计算出工作投入产出比和管理效率效果。单位尤其是公益属性较强的单位往往按照完成上级工作任务和社会服务的效率效果，制定职务职级晋升和淘汰机制，这一过程主要依靠工作汇报和人工考核，内部控制信息化建设受到的种种限制导致无法提供相关信息，不但没有凸显内部控制信息化在绩效管理中的大数据收集和应用作用，反而造成绩效评价的数据缺乏客观性。

结合上面的分析，从国家政策环境引导和支持、单位层面管理平台建设和共享两个方面提出相关对策与建议。一方面，在国家层面强化内部控制政策环境建设。第一，落实国家战略部署，应用现代信息技术。党中央、国务院等发布的一系列文件强调信息化和互联网手段对于行政管理的重要支持作用。2018年7月，党中央通过了全面实施绩效管理的相关意见，要求各单位对提供的公共产品和服务都要实施绩效管理，这要求行政管理的效率和效果不仅要在公众服务平台方面投入，更要在投入产出、成本效益等方面进行平台建设，在单位打造经济活动、业务活动和权力运行的内部控制信息化系统。根据纪委监委和国家审计的监督要求，不断完善单位内部管理留痕和电子档案机制，通过信息系统实现全方位、全流程和全覆盖的国家层面监督体系。第二，强化贯彻内部控制政策，加大资金支持力度。内部控制工作开展以来，财政部及各部委结合形势任务和单位实际相继出台了多个文件宣传推动内部控制工作，强调内部控制信息化建设的重要意义。未来的信息化落地过程中，财政部门应给予更大的支持，尤其是对实施较好的单位，应通过政策引导来促进内部控制建设持续推进。对于行政事业单位，应尽可能在内部控制建设工作中积极反映问题，并争取各方支持，同时，要在有限的预算范围内编制内部控制信息化建设专项预算，以保障内部控制建设不停步、不断档。第三，结合政府会计改革，优化顶层框架设计。财政部及各部委在推进工作过程中，应当充分借鉴企业内部控制信息化建设过程中的有效经验，取优秀企业内部控制信息化建设经验所长，补行政事业单位所短。借助于全面实施的政府会计制度改革契机，将内部控制理念嵌入系统设计之中，加强对全国信息化工作的统一领导和资源统筹，避免系统重复开发和资源交叉，实现全国内部控制信息系统整体大跨步前进。第四，强调理论服务实践，引导社会智库支持。内部控制建设需要理论引领，但更需要实践探索，国家应进一步发挥高校和科研机构等社会智库的作用，鼓励理论研究下沉到单位实际业务中，推进理论成果转换应用到具体单位中，促进转型到内部控制信息化、建设的实践中，投入更多的时间精力开展对党中央国务院战略部署、国家法律法规和单位内部制度的解构和对标，并将优化的内部制度作为信息系统的设计蓝图，建立内部控制信息化的理论研究体系和数据应用体系。

另一方面，在单位层面加强管理协同平台建设。第一，明确公共服务目标，打造业财融合平台。业务管理信息化平台，也属于业务事项管理，单位应当将事项管理与经济活动管理相结合，实现对工作规划制定、三重一大决策、工作任务分解、预算绩效目标、预算指标分解、工作过程控制、预算绩效评价的全面管理，真正将单位业务与财务活动相结合，行政事项与财政财务相一致，尽可能做到每个业务事项对应每笔预算支出，再通过本次政府会计改革最终实现政府、部门、项目的资金、资产、成本和绩效管理。第二，落实国家机构改革，动态优化三定方案。单位应当借助于本次国家机构改革的春风，根据新的三定方案，重新规划组织架构、内部控制建设和信息化系统，形成工作职能、岗位分工、业务流程和信息系统的有效衔接，在扁平化管理的同时运用内部控制信息化手段实现管理制度化、制度流程化、流程岗位化、岗位标准化、标准表单化、表单程序化、程序信息化、信息系统化的八个转化。第三，完善组织领导文化，促进单位作风建设。单位应当将党中央国务院战略部署、国家法律法规和上级工作规划在内部控制信息系统中解构落地，并建立大数据信息和管理平台，在决策过程中引入科学程序，在管理过程中引入流程机制，在监督过程中引入信息平台，切实降低人为干扰因素，并在反对乱作为的同时反对不作为，树立"不积极作为就是渎职失职"的先进政绩观。第四，全面实施绩效管理，落实单位建设责任。单位应当将内部控制信息化建设工作本身和记录业务工作的信息作为相关绩效考核的标准，明确内部控制信息化建设岗位的职责和要求，让信息平台全面覆盖单位各个业务运行的全过程，将内部控制信息化工作作为使财务部门、审计部门、信息化部门和其他业务部门共同受益的一项工作。

（4）评价与监督层面

与政府内部控制相关评价与监督层面研究主要包括指标体系与模型设计、信息公开等方面内容。对于指标体系与模型设计，现有研究（王卫星，赵刚，2008；魏乾梅，2010；张庆龙，2012；陆文斌，颜端阳，吴杰，2014；唐大鹏，吉津海，支博，2015；刘永泽，况玉书，2015；王晓燕，徐倩倩，2016；唐大鹏，王艺博，王璐璐，2016等）主要认为，从内部控制的要素入手构建指标体系，在具体的指标选择中，应根据相关性、经济性、效率性、效果性、公平性、环保性六个原则从评价的关键内容、关键问题、证据、证据来源和证据收集方法构建内部控制绩效评价的框架。对于评价指标赋权，现有研究主要采用德尔菲法（Delphi method）和层次分析法（AHP），即首先在指标体系基础上建立模糊综合评价模型，得出内部控制多层次评价指标体系评分表；再运用模糊综合评价模型对内部控制状况进行全面的评价。对于信息公开，现有研究（李璐玲，2014；刘明辉，刘雅芳，2014；张庆龙，马雯，2015；王春举，梁勇，2016；代凯，2016；林可胜，余润堃，孙思惟，2016；孙光国，王文慧，2017；王璐璐，唐大鹏，2017；唐大鹏，王璐璐，常语萱，2017等）主要认为，建立健全信息公开内部控制制度，实现信息公开流程制度化和规范化，政府应根据内部控制要求编制、公布和及时更新政府信息公开指南和政府信息公开目录，按照规定程序，通过政府公报、政府网站、报刊及电视等方式及时准确公开政府非涉密信息。内部监督是行政事业单位对内部控制制度是否健全、执行是否有效等方面的检查和监督，形成书面报告并做出相应处理的过程。内部监督的重要性在于其实现对内部控制的控制，从而保证了内部控制的实施效果，因此内部监督需要设立相对独立的机构和岗位，全面和及时地对政府内部控制设计和运行中存在的问题和薄弱环节进行监督。

2.2.4　推动实施路径研究综述

任何一种理论概念框架都是来源于实践，并指导实践的。政府内部控制相关理论必须应用到具体管理活动中才会发挥作用。同时，为了保证应用的效率和效果，应用过程还需要设计相应的实施路径。North（2001）认为组织中任何一套制度或机制都好于没有制度或机制。任何组织只有在健全有效的内部控制实施机制下才能有条不紊地运行下去（胡继荣、包玉婷，2008）。内部控制作为一种组织运行的重要保障，无论对于行政事业单位还是对于企业都有不可比拟的优越性，而政府内部控制在实施动因和实施方式等方面与企业有着明显的差异。

1）微观单位层面内部控制实施路径

目前关于政府内部控制推动实施路径的研究仍处于探索阶段。在对单位内部控制进行推动实施过程中，采取的就是先在经济活动领域施行单位内部控制，再进一步推展到全部业务活动和内部权力运行活动的路线。其实施路线的主要理论依据在于，"基于可行性和阶段性的考虑，当前我国行政事业单位内部控制客体范围暂时不考虑间接涉及资金活动的公共权力分配行为，而主要围绕与公共资金、国有资源和国有资产相关的经济活动，待条件成熟后再逐步扩大范围（刘永泽，唐大鹏，2013）"。但随着我国行政事业单位内部控制实践经验的不断成熟，以及对更高层级的内部控制功能的需求，将单位内部控制定位在经济活动领域的局限性就愈发突出。具体来讲，对于预算管理、收支管理、采购管理、资产管理、工程建设管理与合同管理，上述六项业务仅仅是单位的共性业务，对于各单位最为重要的职能履行活动并未加以涵盖，这样就导致单位内部控制建设过程中存在突出的经济活动和业务活动、权力运行活动的脱节，经济活动内部控制未能真正融入单位的全部管理中去。因此，《关于全面推进行政事业单位内部控制建设的指导意见》中提出要进一步将单位内部控制从"经济活动层面拓展到全部业务活动和内部权力运行"，建立"与国家治理体系和治理能力现代化相适应的，权责一致、制衡有效、运行顺畅、执行有力、管理科学的内部控制体系"，从而实现"更好发挥内部控制在提升内部治理水平、规范内部权力运行、促进依法行政、推进廉政建设中的重要作用。"

尽管广大纳税人具有强烈的监管意愿，但受限于信息不对称与监督手段不足而无法实现，需要由相关公共部门代表纳税人行使职权，要求单位建立健全内部控制。按照职能及机构属性，财政部门、审计部门和纪检监察部门应当承担行政事业单位内部控制建设和实施的主要督导责任。财政部门作为公共资金使用计划的审批者和分配者，有义务对资金使用的方向和效率进行持续跟踪和监督。外部审计部门的职能就是对公共资金使用过程的合理合规性进行审查，对相关部门和岗位受托责任的履行成果进行审计。纪检监察部门则负责对公共资金使用过程中的单位与人员违法违纪情况进行监督、调查和惩处。这些外部实施组织具有监管的权利和义务，应对行政事业单位内部控制实施进行指导、评价及结果处理，在事前监督、事中监督和事后评价过程中起到不同的积极作用。根据对美国联邦政府内部控制实施机制的分析，内部控制法治化成为其最为有效的实施手段和方式。美国政府预算管理总局（OMB）于1981年发布了A-123号通告《管理层责任与控制》。随后，美国政府在1982年颁布的《联邦管理机构财务诚信法案》中明确要求政府部门持续地评估和报告其内部会计控制和管理控制系统的适当性，并授权美国审计总署指定和发布内部控制准则。美国审计总署于1983年发布了《联邦政府内部控制准则》，并与《管理层责任与控制》和《联邦管理机构财务诚信法案》共同构成了美国政府内部控制制度体系，并开始在美国政府体系中实施。随着《行政事业单位内部控制规范（试行）》的颁布，我国行政事业单位内部控制建设标准初步形成，但是依然缺少对实施机制进行规范的制度体系。郝书辰和王进杰（2007）也认为外部监管部门应从监管法治化角度入手，对资金进行详细的控制。财政部门作为行政事业单位财政预算和资金的直接监管机构，应出台相应制度对财政资金应达到的使用效果和效率进行规定，设定单位公共资源的分配标准，指导单位内部控制的建设和实施。外部审计部门作为内部审计职能的重要补充，要加强对绩效审计和离任审计的制度建设，对单位会计信息的真实性、公允性，运用公共资源的经济性、效益性、效果性，以及提供公共服务的质量进行监督。纪检监察部门重点针对单位内部可能存在的滥用职权、贪污腐败等违反党纪国法的犯罪行为进行立法监督，将内部控制作为反腐倡廉的重要手段列入相关法律建设体系中。需要注意的是，现代社会公共危机频发，公共管理事务错综复杂、各要素密切关联以及部门专业化分工等，使诸多事务的管理也需要各部门间的广泛协作（赖静萍，刘晖，2011）。总之，行政事业单位内部控制的实施需要协调外部实施组织之间的关系，相关部门齐抓共管，在单位领导及全体人员的共同参与下，真正提升行政事业单位内部管理水平，增强行政办事效率，改善干部作风，切实加强廉政风险防范机制建设。

2）宏观政府层面内部控制实施路径

对于更为宏观层面的政府内部控制推动实施路径来讲，也存在与单位内部控制实施相似的问题。对此，刘永泽、况玉书（2015）认为政府内部控制可以分为政府层面和单位层面，其中单位层面包括政府部门内部控制、事业单位内部控制，政府层面则对应为政府间控制。因此可以将政府内部控制定义为：是一个由一国政府的监督机构、管理层和其他人员实施的、旨在为实现政府各项行政管理目标提供合理保证的过程。鉴于我国政府内部控制处于刚刚起步阶段，因此按照循序渐进的原则，对于政府内部控制的边界不宜过宽，可以初步界定为以经济活动为边界。基于该种思路以及结合实践探索，逐步酝酿出基于经济活动来推动开展政府内部控制实践和理论研究的思路。如刘永泽（2015）就曾提出，要将财政部内部控制作为政府内部控制的核心。与行政事业单位内部控制以确保单位获取的公共资金规范使用的目标相比，政府层面内部控制主要解决的是如何规范公共资金的分配与管理问题。而财政部（财政部门）作为财政资金分配与管理的主责部分，则是政府内部控制建设的切入点。通过建立一套科学的标准和流程，使决策、执行与监督既相互协调又相互制约，实现权责对等，明确主体责任，从而科学规范预算分配过程，结合我国预算分权下政府内部控制的概念框架，认为完善我国政府内部控制的实现路径应从以下方面着眼：

（1）建立预算分权下我国政府内部控制架构

"分事行权、分岗设权、分级授权、定期轮岗，强化内部流程控制"的内部控制权力构架是践行国家治理和依法治国的重要途径，也是预算分权的重要组织保证。美国作为政府内部控制体系建设的先发国家，以财政预算业务为中心构建起总统、国会、法院三权分立的顶层权力运作模式，形成总统与国会编审权相互制衡以保证预算决策科学、最高法院监督保证经济活动合规合法的权力制衡体系。因此，研究其部门之间组织构架构建及权力运行机制对于健全我国政府权力运行结构意义重大，尤其是对于善治和整个社会管理关系的整合具有重要价值（俞可平，2000；何增科，2002）。目前，我国财政预算权力结构主要分为预算分配和预算使用两层级。第一层级为负责预算分配的权力机关间决策、执行和监督权相互分离的权力制衡体系。主要指预算分配的决策权由人民政府财政预算编制权及人民代表大会财政预算审批权构成；预算分配的执行权由财政部门的汇总、批复和国库支付权构成；预算分配的监督权由内外部监督部门，如审计部门、人民政府、人民代表大会及其常务委员会和社会负责行使。第二层级为负责预算使用的政府内部决策、执行和监督权相互分离的制衡体系。其主要指上级主管部门和单位预算管理委员会作为预算使用的决策部门，单位财务部门和业务部门作为预算使用的具体执行部门，以及由审计部门、政府、人民代表大会及其常务委员会和社会构成的内外监督部门。

虽然我国财政预算权力结构逐年完善，但仍存在人民代表大会重预算执行效果监督轻预算编制审核决策、财政预算资金拨付与使用不够独立、岗位设置和职能配置不够科学、监督活动力度不足等问题（王光远，2009）。因此，其一，应借鉴预算分权下美国政府内部控制体系，通过制度设计将人大审核修正财政预算嵌入预算审核流程规范，并对其执行情况进行持续监督评价，以切实提高财政预算分配效率。同时应发挥外部智囊团作用，在财政部及人民代表大会内部设置独立专家团体，就财政预算编审建言献策，增强预算编制的科学性和实用性。其二，应进一步明确财政部依照预算决案进行财政资金划拨及政府采购支付职能，保持财政部与财政资金使用部门相互独立，防止部门结盟危害公共资金安全。应明确政府部门内部各职能机构权责，厘清部门领导、财务处及职能处室间预算审批、使用权限，通过岗位制衡提高预算资金使用安全及效率。其三，应分析岗位设置必要性并明确岗位职责范围边界，强化预算执行归口管控。政府内设部门按设置方式可分为两类，一类为编制委员会编办的基础部门，如财务处等；另一类为根据内部控制需要设立的归口部门，如预算委员会等。对于归口部门，不仅应做好授权控制，分清授权主体、范围与权限，确保归口部门关键岗位人员在授权范围内开展工作，实现决策、执行、监督权力制衡；还应科学配置机构职能，构建权责一致、协调配合、运转高效的归口管理体系，发挥归口部门专业优势并强化责任落实。因此，各部门应在梳理机构职能及岗位需要的基础上，通过归口部门归口岗位设置，实现机构职能高效履行。其四，还需加强内外监督力度，确保内外监督部门的独立性，强化预算公开，更多引入社会力量加入监督团队。

（2）完善预算分权下我国政府内部流程控制

党的十八届三中全会指出"财政是国家治理的基础和重要支柱"，是支持政府权力运行及公共经济活动的物质基础，政府内部控制体系应以"预算管理为主线，以资金管控为核心"，通过完善内部控制体系健全财政预算编审、执行及绩效考核流程。以财政预算分配为主线的财政管理内部控制与以财政预算使用为主线的预算单位内部控制构成了我国政府内部控制体系框架。美国围绕财政预算编审、决策、执行、监督权力，构建以总统、国会及最高法院为代表的政府权力体系，围绕财政预算经济活动构建政府间内部控制体系，形成政府编制预算、国会审核预算、政府签字生效、国会确定拨款的预算编审流程，政府部门间和政府内部的申请、审批、采购、付款和监督的预算执行流程，以及总统办公室、督察长办公室、审计署联合绩效考评和预算监督流程，着力降低腐败及经济舞弊的潜在风险（唐大鹏，2014）。而我国财政预算编审、执行和监督过程存在随意性较强、尚未实现全面流程化等问题。因此，健全我国内部流程控制应从完善预算决策、执行和监督流程入手。

首先，应完善政府预算编审流程制度体系，提高全口径预算编审规范。一方面，应进一步梳理政府预算编制流程，在风险评估的基础上，完善"两上两下"编制程序，组建外部专家学者智囊团，针对包括一般公共预算、政府性基金预算、国有资本经营预算、社会保险基金预算的全口径预算提供专业建议，提高预算编制科学性与客观性。另一方面，应进一步规范人民代表大会预算审批流程，切实发挥人民代表大会财政预算编制监督审核职能。以制度体系建设为手段，固化人民代表大会研究讨论财政部提交预算草案程序，以人民利益为导向，透过专业视角确保预算决策的科学性及实用性。

其次，应健全预算执行流程管控，强化责任政府建设。由于中国政府部门预算执行流程体系尚不健全，预算责任问题十分复杂，预算一年的现象仍然普遍存在，完善预算执行内部控制流程管控势在必行（苟燕楠，王海，2009）。一方面，应严格按照预算、用款计划、采购计划、项目进度、绩效目标、有关合同、规定程序和归口岗位强化预算支出管理，加强预算执行分级和模块化管理，对流程实施进行持续优化、监督与评价，形成执行过程的自我完善机制。另一方面，应建立预算单位、代理银行、资金业务管理处（室）间数据联动机制，统一数据口径，通过横向数据核对检验进行动态管理。最后，应完善政府部门内部预算执行监督考核机制。一方面，将绩效考核标准嵌入预算执行流程。根据绩效考核标准进行预算执行全过程动态监控，逐步建立以绩效目标实现为导向，以绩效评价为手段，以结果应用为保障，以改进预算管理、优化资源配置、控制节约成本、提高公共产品质量和公共服务水平为目的的政府部门绩效考核机制。另一方面，完善政府部门内部审计流程。强化内部审计流程建设，将审计职能由事后向事中控制转变，强化项目过程管理，并通过定期进行预算执行报告分析监督政府部门履职效果。

（3）强化国家治理体系下内外协同监督机制

依据现代治理理论，国家治理既包括政府间制衡监督体系又包括社会公众外部监督机制（张慧君，2009）。为有效遏制政府腐败行为、提高政府运行效率，美国形成内外协同监督机制：以督察长办公室对政府部门内部权力运行和预算执行的监督、外部审计总署对财务状况和政府财政资金使用的不定期监督以及社会公众对行政权力运行和财政资金使用等政务公开信息的社会监督。由于政府掌握大量社会公共资源，导致出现"寻租"现象，严重侵害和浪费了公共资源（刘永泽，唐大鹏，2013；唐大鹏，高勤，2015）。内部控制是保护资产、防止和发现错误和舞弊的第一道防线，也是政府部门为履行职能、实现总体目标而应对风险的自我约束和规范的过程。可见，完善政府内部控制，将有利于建立不易腐、不能腐的控制体系，形成勤政高效政府权力运作氛围（张庆龙，聂兴凯，2011）。因此，基于国家治理视角，借鉴美国经验，政府内部控制体系中的内外监督体系应从以下两层次加以完善。

第一层次，要求构建政府内部横向权力监督及问责机制。一方面，健全政府权力监管法律制度体系，在人大、审计、纪检监察等监督部门间形成统一监督标准，明确监督权力行使范围，通过政府间横向监督机制发现并惩治行政权力不作为、乱作为现象，为政府内部控制体系完善提供制度和机制助力（唐大鹏，李鑫瑶，2015）。另一方面，建设政府内部信息共享机制，建立人大、审计、纪检监察等监督部门及行政部门间信息共享平台，定期反馈行政部门履职情况及监督部门督查结果，在2017年重点建立内部控制报告机制，形成信息化监督追踪机制，提高监督权执行效率。

第二层次，要求在政府外部完善信息披露机制增强社会监督效力。一方面，应完善信息披露机制，畅通政府财务及履职信息披露渠道。信息披露机制是提高政府信息透明度，加强政府部门监管和社会舆论监督，促进政府部门行政体制改革的重要手段（刘永泽，张亮，2012）。进一步完善信息披露机制，通过网络信息平台等方式，增强公务信息透明度，落实政府信息公开制度要求，对政府决算和保障财务信息真实性的内部控制报告进行全社会公开。另一方面，提高社会公众公务参与意识并维护公众参与权。增强新闻媒体对于公务信息的关注及曝光力度，畅通公众举报渠道，提高公众政务监督热情，为提高政府自律意识及责任意识提供外部助力。

2.3　概念界定

找准政府内部控制在国家治理中的定位，首先需要界定政府内部控制主体。界定政府内部控制主体是建立政府内部控制体系的要件。刘永泽和况玉书以单位基本性质为基础分析了单位职能范围和管理模式的差异，为梳理单位行政运行和业务履职范围提供了可行路径。由于不同职能的业务标准存在差异，因而职能划分为内部控制"分事行权"提供了前提和思路，并以不同的控制方式加以保障。另外，政府内部控制有助于划清政府权力范围，梳理政府与市场的关系。一般认为，市场供需失衡的根源在于政府的手伸得太长，缺少必要的管控措施。林毅夫等提出，在预算软约束情况下，国有企业发生亏损时政府常对其追加投资、增加贷款、减少税收或提供财政补贴，这在一定程度上削弱了市场的有效性。政府内部控制能够间接通过制度与流程控制防止政府缺位和越位，进而提高市场资源配置的作用。为了更好地实现政府职能，应在政府内部控制体系下综合考虑国家治理的多主体关系，按照最有助于提高政府效率的思路建立政府内部控制体系。

2.3.1　政府的广义概念界定

政府是政治系统的实体形态，是国家实施政治统治、经济管理和社会管理的代理机构。政府的含义有广义和狭义之分。广义上的"大政府"泛指所有使用公共资金的公共部门，既包括中央和地方全部行政机关（党中央国务院和地方政府），又包括中央和地方的全部立法（人大）和司法机关（检察院、法院）；狭义上的政府，是国家行政机关的组成机构的总称，即党中央国务院和地方各级政府中的行政机构。我国现行的政府会计的适用范围是包括占用和使用财政资金的所有部门和单位，即政府会计的核算范围是广义上的"大政府"。以下研究内容都是在"大政府"的基础上进行的。

2.3.2　政府内部控制与政府管理的概念辨析

从产权理论出发，理解政府内部控制的新范畴。中国特色社会主义理论和实践下，政府产权属于全体公民，其内部运营是为全体公民型股东提供公共产品，无法区分何为内部运营和外部服务，因此政府内部控制里面组织架构和业务流程不能简单等同为政府内部运营管理，不能仅从政府内部事项和资金管理来理解。

首先，政府契约的条款并不是形象和具体的，因此政府产权是个体产权以外的所有资源，其边界是抽象和模糊的。如果从企业产权和契约理论出发，每一个政府及其组成部门的各类单位都有其资产负债表，由于各类单位的职能是运营全部非个体产权的各类公共资源，其财务报表只能逼近但是无法实现绝对产权边界。其次，政府内部控制即行政事业单位内部控制是以一定政府组织架构进行职能配置和政府业务流程职能执行的一个整体。最后，政府内部控制目标承接政府职能，是为了维护整体公共利益，其主要目标和管控范围是为所有个体企业和全体公民提供公共产品。

因此，政府内部控制并不等同于政府内部管理，其管控的范围还应包括广义范围内的公共产品或公共事务，其目标是公共利益最大化，制约的是公共权力的运行而不仅是内部管理运行，与政府内部机关的管理有本质的区别。

2.3.3　政府内部控制多维概念与关系界定

政府内部控制、财政管理内部控制与行政事业单位内部控制在逻辑上是并不重复的。笔者将政府内部控制、财政管理内部控制和行政事业单位内部控制按照"定义、主体、客体、目标"进行分类对比，通过三者之间的相互对比更清晰地发现三者之间的不同之处，以便于笔者进一步研究和设计政府内部控制建设标准。具体内容见表2-2。

财政管理内部控制，是指为实现控制目标，通过查找、梳理、评估财政管理中的各类风险，制定、完善并有效实施一系列制度、流程、程序和方法，对财政业务风险进行事前防范、事中控制、事后监督和纠正的动态过程及机制。财政部门是保证财政资金合理有效使用的重要关口，通过建立财政管理内部控制体系，规范本级政府部门经济业务活动的合法合规性，从而提高财政资金的安全性、规范性和有效性，财政效率不断提高，腐败舞弊行径也失去"温床"，在此基础上反映出的政府财务信息更加真实完整，财政部门才能更好地发挥其资金分配职能。

表2-2　政府内部控制与财政管理内部控制、行政事业单位内部控制的区别

项目区别	政府内部控制	财政管理内部控制	行政事业单位内部控制
定义	一个由一国政府的管理机构、监督机构和其他机构实施的、旨在为实现政府各项行政管理目标提供合理保证的过程	一种通过财政或财务数据信息进行的正式管理控制，包括会计控制以及非会计控制，涉及组织财政/财务资金收入、运营及支出的所有阶段和行为	单位为实现控制目标，通过制度制定、实施措施和执行程序，对经济活动的风险进行防控和管控
主体	多级政府、本级政府、政府部门	涉及财政资金运用部门或单位（包括财政部门和预算单位）	行政事业单位
客体	广义口径：政府全部经济活动、业务活动和内部权力运行风险 狭义口径：政府经济活动（公共政策、公共财政政策）	财政资金分配使用活动过程中的风险（财务政策）	现阶段主要为经济活动风险，下一步将扩展到单位运行所涉及的全部业务活动和内部权力运行活动（财务政策）
目标	履职目标、合规目标、资产目标、报告目标	保障财政的宏观调控与经济建设职能的履行；提升地方财政的公共服务能力；提高地方财政资金的使用效率；规范财政资金使用行为	合理保证单位经济活动合法合规、资产安全和使用有效、财务信息真实完整，有效防范舞弊和预防腐败，提高公共服务的效率和效果

　　一是财政部门内控与行政事业单位内部控制的关联关系。一方面，财政管理内部控制和预算单位内部控制同属政府内部控制体系，政府内部控制体系包括政府层面内部控制和单位内部控制，而财政部门负责国家预算资金的分配和管理，实际上从经济活动方面实施了政府层面的内部控制，即财政部门不仅要实施本部门的内部控制，同时要负责财政管理内部控制和预算单位内部控制的一体化构建。另一方面，财政管理内部控制是预算单位内控体系的顶层设计，财政管理内部控制是总预算控制，其作为预算单位内部控制的顶层设计，为预算单位内部控制体系的设计和构建提供了标准和方向。财政管理内部控制不仅要建立和完善财政部门内部的内控制度和规范，同时也负责与预算单位内部控制体系的衔接。

二是财政部门内部控制与行政事业单位内部控制的具体差异。关于建设目标的差异：根据内控规范的定义，单位内部控制目标主要包括：①合理保证单位经济活动合法合规；②资产安全和使用有效；③财务信息真实完整；④有效防范舞弊和预防腐败；⑤提高公共服务的效率和效果。财政局作为财政预算公共资金的规划和管理部门，在以上的控制目标实现的基础上，还应该包含以下的建设目标：①严肃行政纪律，提高工作质量和效率，有效履行财政职能，贯彻落实好党和政府的决策部署；②各项政策与规章制度符合国家法律、法规、规定并得到有效贯彻执行，各项财政业务活动合法合规；③严格遵守廉洁从政规定，防范舞弊和预防腐败，提高财政资金的安全性、规范性、有效性；④工作记录和其他业务管理信息，预决算报告和相关报告真实完整；⑤全面提高财政单位内部管理水平，满足财政业务改革发展的需要。关于建设内容的差异：行政事业单位内控围绕着预算业务管控、收支业务管控、资产业务管控、合同业务管控、采购业务管控、建设项目业务管控六个层面建设内控体系。而财政系统是根据制度以及财政单位科室职责范围的规定，制定各类专项风险管理办法，即对法律风险、政策制定风险、预算编制风险、预算执行风险、公共关系风险、机关运转风险、信息系统管理风险、岗位利益冲突风险等分别进行识别、评估、分级（分重大风险和一般风险两级）、应对、监测和报告全过程管理。其涉及职权履职、权力清单管控层面，其建设范围和管控深度都明显高于预算单位内部控制。

2.3.4 政府内部控制多维主体的概念与关系界定

1）公共部门

公共部门是指被国家授予公共权力，并以社会的公共利益为组织目标，管理各项社会公共事务，向全体社会成员提供法定服务的政府组织。公共部门的范围较为广泛，可概括为行政事业单位。我国行政事业单位包括行政单位和事业单位，分属政府部门和非营利部门。行政单位指各级政府下辖的职能部门，并有广义和狭义之分。广义上的行政单位范围非常广，构成比较复杂，包括行政、党、团机关在内的各种行政类机构，而狭义上行政单位仅指政府部门（即本书所指的行政单位）；事业单位则是我国特殊的一种组织类型，隶属于非营利部门，主要包括行政性事业单位、公益性事业单位和经营性事业单位三种。

2）政府部门

公共部门是政府部门及其附属部门之和，它主要由三部分组成：政府部门、公共事业部门和公共企业部门。从概念来看，公共部门是广义的政府部门。政府部门是指通过政治程序建立的，在特定区域内行使立法权、司法权和行政权的实体，所需的经费完全依靠财政预算拨款。本项目研究的政府部门可概括为行政单位。

3）财政部门

财政部门是国家政策中负责财政管理和监督工作的职能部门，负责各级政府综合管理财政收支，执行和实施财政税收政策、法规的工作，履行财政监督职能，并与经济社会发展和群众利益息息相关。

4）业务司局

财政部门分为四级，每一级分别与多级政府一一对应。第一级是国务院下设财政部，内设司局可分为业务司局和实权司局，其中业务司局的主要职责是国家预算的编制、执行与决算工作，全国财政、财务管理体制的制定与执行；实权司局的主要职责是工业、交通、商业、农业、文教、行政、国防、外事等部门的财务管理及制定会计制度的工作，财政纪律的监督检查工作等。第二级是在省、自治区、直辖市人民政府下设财政厅（或局）。第三级是在自治州、县、自治县、市人民政府下设财政局（或科）。第四级是在乡镇人民政府下设财政股（或组），分别组织各级财政收支管理工作。每一级财政部门都受上级财政部门的领导和监督。

这四者的关系如图2-5所示。

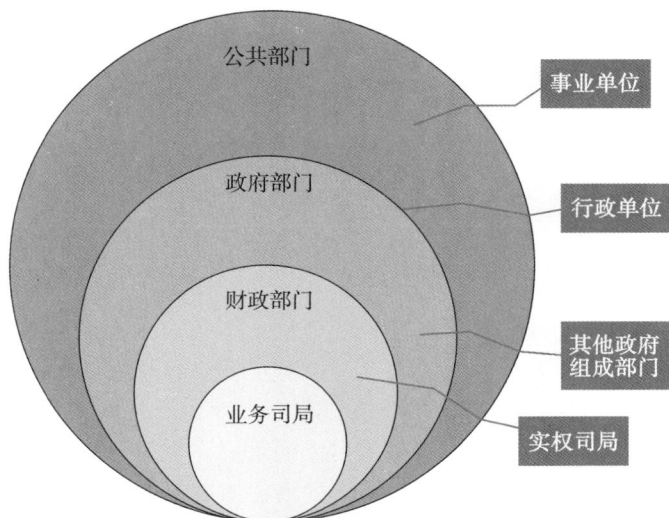

图2-5　公共部门、政府部门、财政部门与业务司局的关系

5）治理关系

（1）中央与地方政府事权、财权划分清楚

各级政府拥有与其事权相一致的支出责任和财权，保障了地方政府较大的财政独立性。地方政府是与中央政府相对应的一个概念，它是在一国范围内权力仅及于一定区域的政府，而中央政府的权力及于全国范围。因此，中央政府以下的

各级政府都是地方政府。中央政府在财权划分中处于主导地位。收入分配和稳定经济的职能主要划归中央政府，资源配置的职能则主要是地方政府的职能。中央政府掌握较大的财权财力，既是其行使稳定经济和进行收入再分配之需，也是其缩小地方差距、协调地方经济发展的保障。同时，中央与地方的财政关系是由宪法和法律予以规范和保障的。中央政府与地方政府之间的关系属于垂直的分化，是中央政府与省级政府之间的关系。而地方政府之间的府际关系属于平行的分布，是中央政府和地方政府之间的府际关系的延伸，体现出资源在各地方政府之间的协调分配关系。

（2）一级政府各部门之间的关系（财政部与其他政府组成部门之间的关系）

同级的各政府部门之间是平行的关系，都受到财政部的财政预算的约束。财政部门根据其他部门的不同社会职能匹配相对应的财权。相对应的不同级的政府部门之间形成的上下级关系，下级政府部门受到上级部门的领导和监督。某一层级的政府部门以受本级政府领导为主，以受上级对口部门的指导为辅。

（3）政府部门与行政事业单位之间的关系

行政单位是政府部门的执行机构，其下设的事业单位是具体履行社会职能的"办事"单位。行政单位一般是本系统上级部门的派出机构或分支机构，干部、工作人员、业务范围及工资福利均归上级部门主管，下级政府只有协管权力。而事业单位受其对应的上级业务主管政府部门领导和监督，形成事业单位的对上归口，地方下级政府只能协助管理。

2.3.5　政府内部控制多维客体的概念与关系界定

1）公共政策

公共政策的含义可以从以下三个角度分析：第一，从政治与行政两分法的角度，公共政策是由政治家（具有法权者）所制定而由行政人员所执行的法律和法规；第二，从公共政策的目标取向和规划功能角度，公共政策是一种含有目标、价值与策略的大型计划；第三，从决策主体的角度和普遍联系的观点，公共政策是由政治行动主体或行动主体团体在特定的情境中制定的一组相关联的决策，包括目标选择、实现目标手段，这些政策原则上是行动主体力所能及的。因此，公共政策主要可以作为政府内部控制约束的政府履职业务及其相关权力运行。

2）财政政策

财政政策是国家制定的指导财政分配活动和处理各种财政分配关系的基本准则。它是客观存在的财政分配关系在国家意志上的反映。财政政策是宏观调控的主要手段之一，涉及经济、政治、文化、社会和生态文明建设各个方面，对促进经济社会平稳健康发展、完善社会主义市场经济体制、提升国家治理能力现代化水平具有重要作用。因此，财政政策主要可以作为政府内部控制约束的政府经济活动和资源配置。

3）公共财政政策

公共财政是为市场提供"公共"服务并弥补市场失效的国家财政，是财政部门在对其他政府部门进行资源分配时所对应的财权事权的匹配，是国家为满足社会公共需要而进行的社会集中性分配。公共财政政策连接着公共政策和财政政策，而财权连接着财政政策和财务政策。因此，公共财政政策在政府内部控制框架中将权力运行、履职业务和经济活动更好地统一起来。

3 中国政府内部控制理论建构

3.1 模式论证与选择

本研究的模式论证与选择是从宏观国家层面、中观部门层面和微观单位层面三个层面的理论分析来进行的，具体内容如下：

3.1.1 宏观国家治理体系层面

宏观国家治理层面研究模式所研究的政府内部控制中，政府是"大政府"的概念，是从国家层面设计政府内部控制标准体系构建的研究框架，即包含了所有使用公共财政资金的公共部门，包括人大、党委、政协、两院和中央（地方）政府，如图3-1所示。

同级"大政府"内部存在决策部署、立法规制、事权执行、民主监督、司法监督相分离的权力制衡体系。党委通过决策部署把握政策方向，人大通过立法规制提供法律保障，中央（地方）政府通过公共事权与公共财政事权的匹配与执行落实公共政策，政协通过民主监督提供政策建议，两院通过司法监督纠正政策执行的偏误。同级"大政府"通过党委、人大、中央（地方）政府、政协、两院之间的权力分配与制衡完成了政策的决策与落地。中央（地方）政府作为事权执行的公共部门，接受由党委和人大下达的政策指令，依据中央（地方）政府内各部门职能匹配相应的公共事权，形成公共政策，依据公共政策匹配相应的财政事权，形成公共财政政策，落实党委和人大政策指令；并根据公共政策与公共财政政策的执行结果，形成代表公共政策执行效率效果的经济和社会发展报告和代表公共财政政策执行效率效果的预决算报告，接受人大的审议，也同时接受党委、政协、两院的监督，形成一个有效的权力执行与反馈的闭环。

多级"大政府"之间也形成层层治理关系。多级"大政府"中，党委遵循党的民主集中制的基本原则，全党各个组织服从党的全国代表大会和中央委员会。各级地方党委既服从上级党委和党中央领导，又领导下级地方党委。多级人大之间，由上级人大对下级人大进行法律监督、业务指导。中央政府领导全国地方政府，地方政府领导其下级政府。而各级政府中各工作部门存在两种管

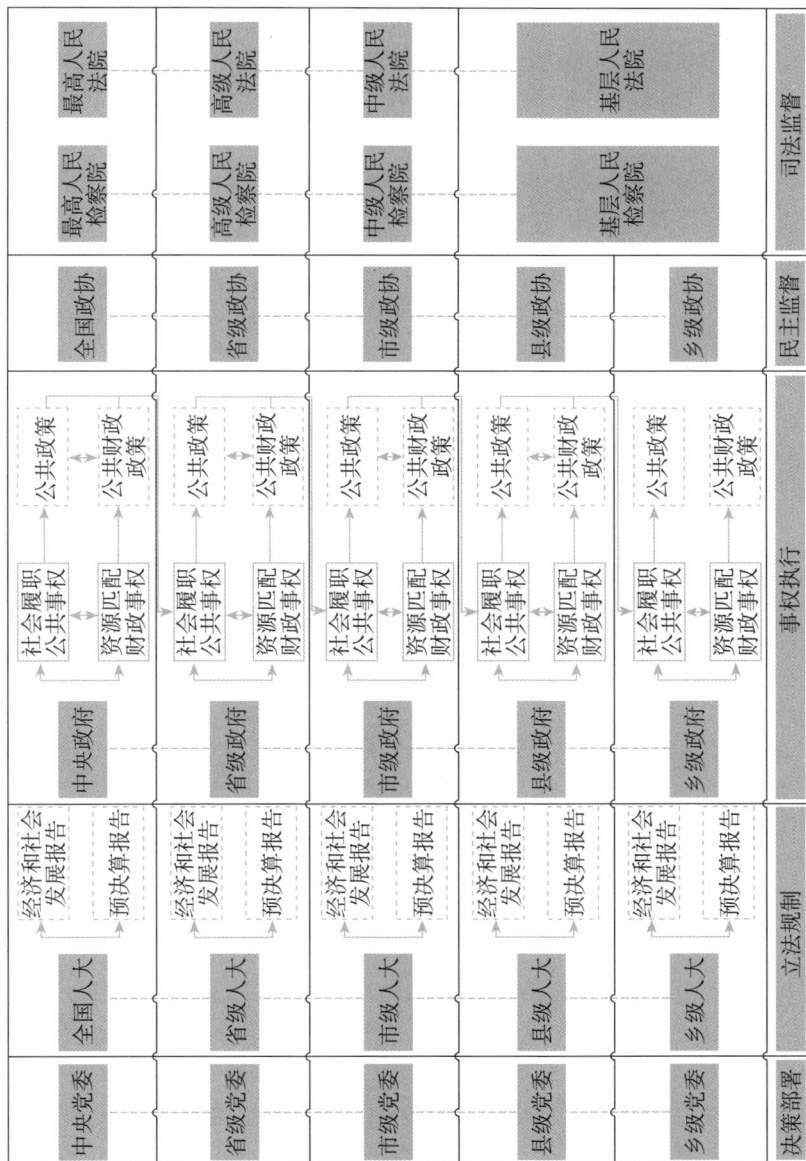

图3-1 宏观层面政府内部控制研究框架

65

理体制，即受同级地方党委、政府直接领导，纳入同级人大监督的属地管理体制，以及由上级政府业务主管部门统筹管理其人、财、物、事的垂直管理体制。根据《中国人民政治协商会议章程》规定，多级政协之间，上级政协对下级政协是业务指导关系。根据 2018 年修订的《中华人民共和国人民检察院组织法》《中华人民共和国人民法院组织法》的规定，上级人民检察院领导下级人民检察院的工作，上级人民法院监督下级人民法院的审判工作。

从宏观国家层面出发展开的政府内部控制研究模式，其优点在于全面考虑了五级政府的管理特点以及政府间的权力分配关系，注重多层级政府间的协同管理，但其缺点在于，研究框架过于宏大，方案落地存在一定困难，且未充分考虑不同地区与行业的政府管理特点。

3.1.2 中观部门行业治理层面

中观部门层面模式所研究的政府内部控制是一级政府的内部治理，从中观政府部门层面出发设计政府内部控制标准体系构建的研究框架，如图3-2所示。

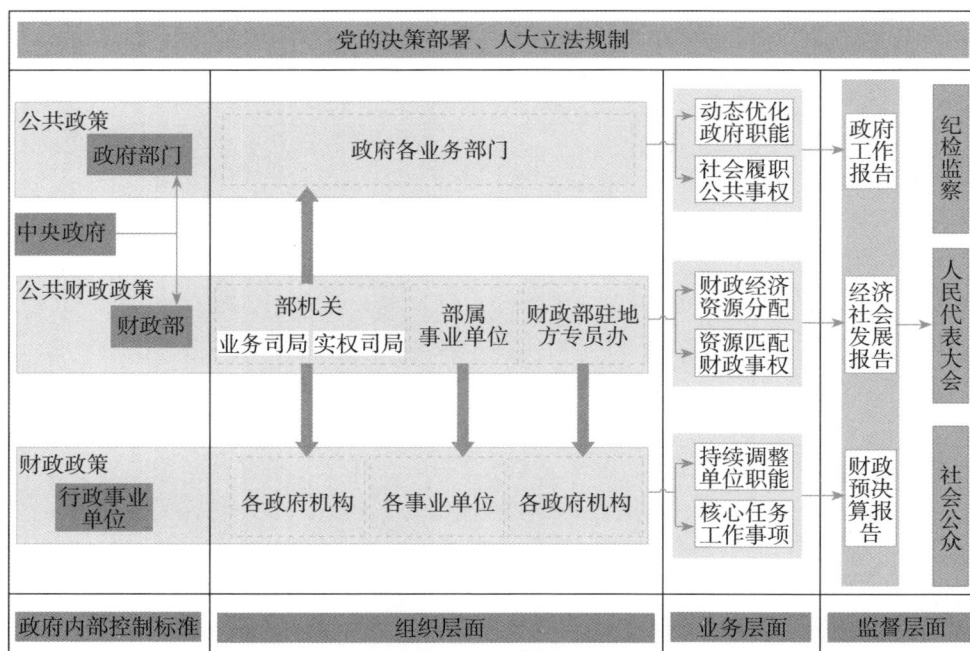

图3-2 中观层面政府内部控制研究框架

以财政部门为核心，向上延伸到政府及其组成部门，向下延伸到具体出台和执行政策的行政单位和事业单位。该行政事业单位指的是各行政机关和事业机关。财政部门的全部司局可以分为专业司局和职能司局，专业司局主要负责专业性较强的一类政府部门的经济治理、资金资源分配，职能司局则负责全国整体经济业务活动管控。通过财政部门的财政事权与政府及其组成部门的公共事权相匹配，可实现政府社会职能的履职。

从公共政策的角度分析，政府及其各组成部门的工作任务属于公共政策，其中财政部门的工作任务属于公共财政政策，政府及其组成部门下属的各行政事业单位的工作任务属于单位内部财务政策，而这些公共政策都需要依据政府内部控制标准来确立。从业务层面的角度分析，政府部门整体履职规划明确了动态优化政府职能和社会履职公共事权的内容，而财政部门掌管财政经济资源分配和资源匹配财政事权。各行政事业单位则要依据中央政策部署持续调整单位职能和核心任务工作事项。从监督层面分析，政府内部控制主要是通过人大、纪检监察和社会公众来完成监督职能。其中，人大的监督职能通过审核政府工作报告、经济社会发展报告和财政预决算报告来实现。

从中观政府部门层面的视角出发进行的政府内部控制研究，优点在于突出了各行业各系统的管理特点，强调了不同政府部门的职能功能，体现了不同公共产品提供主体的管理属性，与其他方案相比更加专业，而缺点在于方案集中于不同属性的政府部门管理，而忽视了行业间政府部门管理的协调性。

3.1.3　微观单位财务治理层面

微观单位层面模式研究的政府内部控制是以行政事业单位为出发点，从微观单位主体层面设计政府内部控制标准体系构建的研究框架，如图3-3所示。

依照党中央国务院的决策部署下达到地方政府部门的公共政策和财政政策，由各个具体承担任务的行政事业单位将其工作任务和经济资源分配计划上报政府部门汇总后，由财政部门批复到政府部门或者下设的行政事业单位，并进入到具体财务管理程序中。

在业务层面，地方政府财政部门拥有财政事权，其部署的工作任务属于公共财政政策（预算、国库、税政、债务、PPP、国有资产资源、经济建设、合同管理、票据管理），而其他政府部门拥有公共事权，需要与财政部门的资源匹配，形成财权与事权相匹配，进而实现社会职能，其部署的工作任务属于公共政策。当财政部与其他政府部门将政策下达到其对应的行政事业单位时，由单位履行具体的核心任务，根据上级安排的工作任务进行立项执行，由此需要的资金来自财政部的财权分配。行政事业单位的工作任务属于财务政策，由单位内部制定相关财务制度来规范权力的运行，这部分内容就属于行政事业单位内部控制，是具体单位内部的管理规范。政府内部控制经济活动的管控范围以预算管控为起点，包含收支、采购、合同、基建等业务管控，以全口径的国

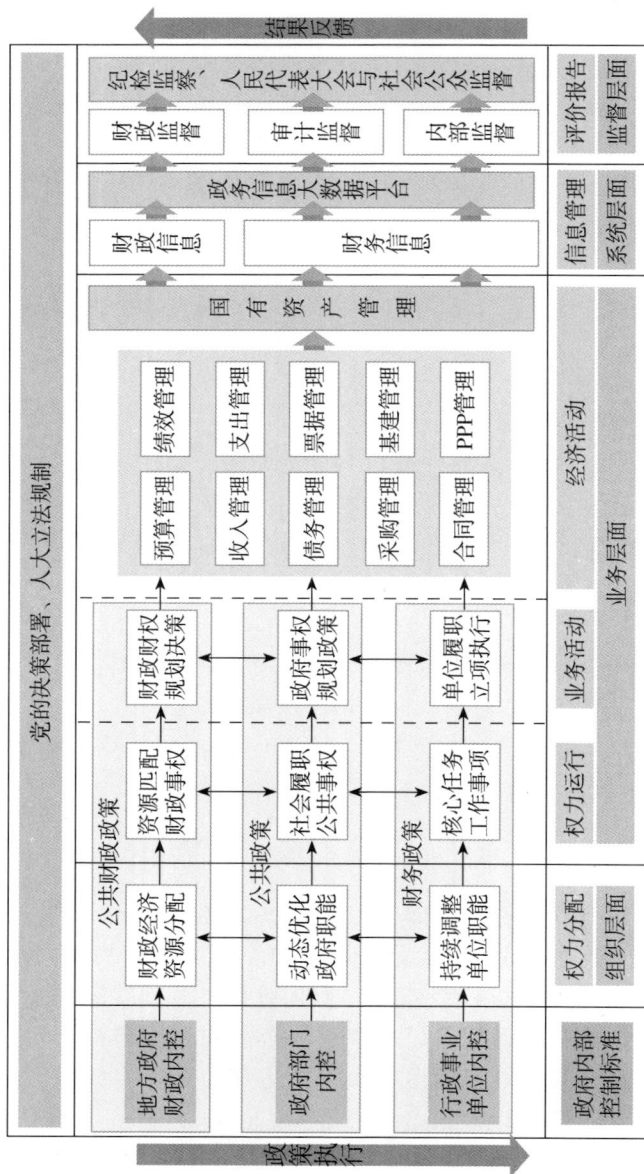

图3-3　微观层面政府内部控制研究框架

有资产管理为重点。同时，结合《指导意见》新确定的财政资金分配使用、国有资产监管、政府投资、政府采购、公共资源转让、公共工程建设等六大重点业务进行管控。

在系统层面，各政府部门、行政事业单位通过政务信息大数据平台进行财政或财务信息公开。在监督层面，各政府部门、行政事业单位都要受到纪检监察、人民代表大会和社会公众的监督，分别对应财政监督、审计监督和单位内部监督机制。纵观整个政府内部控制的过程，从上往下体现的是财政政策的执行，从下往上体现的是政策执行结果反馈和监督机制。

从微观单位层面出发构建的框架模式，关注重点在地方政府的管理特点，优点在于突出了不同地方经济与社会发展的属性，其缺点在于框架中并未包括多级政府的管控特点，未体现中央政府与地方政府的管理与协调，整体性不足。

3.2　基本理论框架

政府内部控制是一个宏观的内部控制概念，分为三个层级：一是从纵向上看，中央到地方各级党委、人大、政府、政协、司法、纪检监察的五级治理关系和治理机制。二是从横向上看，同级政府中政府各职能部门之间的治理关系与治理机制。三是政府各职能部门、政府部门内部各行政单位和事业单位之间的治理关系与治理机制。政府内部控制基本理论框架如图3-4所示。

政府内部控制微观基本逻辑如图3-5所示，这是从国家治理结构角度出发的政府内部控制实施框架。

首先，在国家的顶层设计层面，党代表全体人民的利益，党委通过决策部署把握政策方向、总揽全局、协调各方，同时通过严明的党纪规范党的行为；人大作为国家最高权力机构的立法治理，通过政策立法提供法律保障，是合规底线；而协商民主是党领导人民有效治理国家，保证人民当家作主的重要制度设计，政协通过民主监督提供政策建议，拓展了民主渠道，深化了民主内涵；此外，坚持和完善党和国家监督体系，强化对权力运行的制约和监督是实现国家治理现代化的重要手段。最高检最高法主要针对人大通过一切立法执行情况进行监督，纪检监察则对党的政策执行情况以及党的纪律是否遵守进行监督，纠正政策执行的偏误，从而实现党的自我净化、自我完善、自我革新、自我提高。

其次，是政府政策执行时对政策的分解，即政府具体执行党的政策和人大的立法，实现政府层面的经济管理。具体来说，政府首先发布宏观经济政策，稳定市场预期，根据党的政策，制定政府工作报告，把党的领导落实到国家治理各领域

决策部署	立法规制	政府	发改委（产业政策）	财政（财政管理）	政府各职能部门（行政单位/事业单位）	民主监督（政协）	司法监督	纪检监察
中央党委	全国人大	中央政府	国家发改委 / 产业政策	财政部 / 财政管理	行政单位：具体产业政策、部门规章；事业单位：项目执行	全国政协	最高人民检察院 / 最高人民法院	纪检监察部
省级党委	省级人大	省级政府	省级发改委 / 产业政策	省级财政 / 财政管理	省级行政机关：具体产业政策、部门规章；省级事业单位：项目执行	省级政协	高级人民检察院 / 高级人民法院	省级纪检监察
市级党委	市级人大	市级政府	市级发改委 / 产业政策	市级财政 / 财政管理	市级行政机关：具体产业政策、部门规章；市级事业单位：项目执行	市级政协	中级人民检察院 / 中级人民法院	市级纪检监察
县级党委	县级人大	县级政府	县级发改委 / 产业政策	县级财政 / 财政管理	县级行政机关：具体产业政策、部门规章；县级事业单位：项目执行	县级政协	基层人民检察院 / 基层人民法院	县（区）级纪检监察
乡级党委	乡级人大	乡级政府	产业政策	乡级财政 / 财政管理	乡级行政机关：具体产业政策、部门规章；乡级事业单位：项目执行	乡级政协		
决策部署	立法规制			事权执行	事权执行	民主监督	司法监督	纪检监察

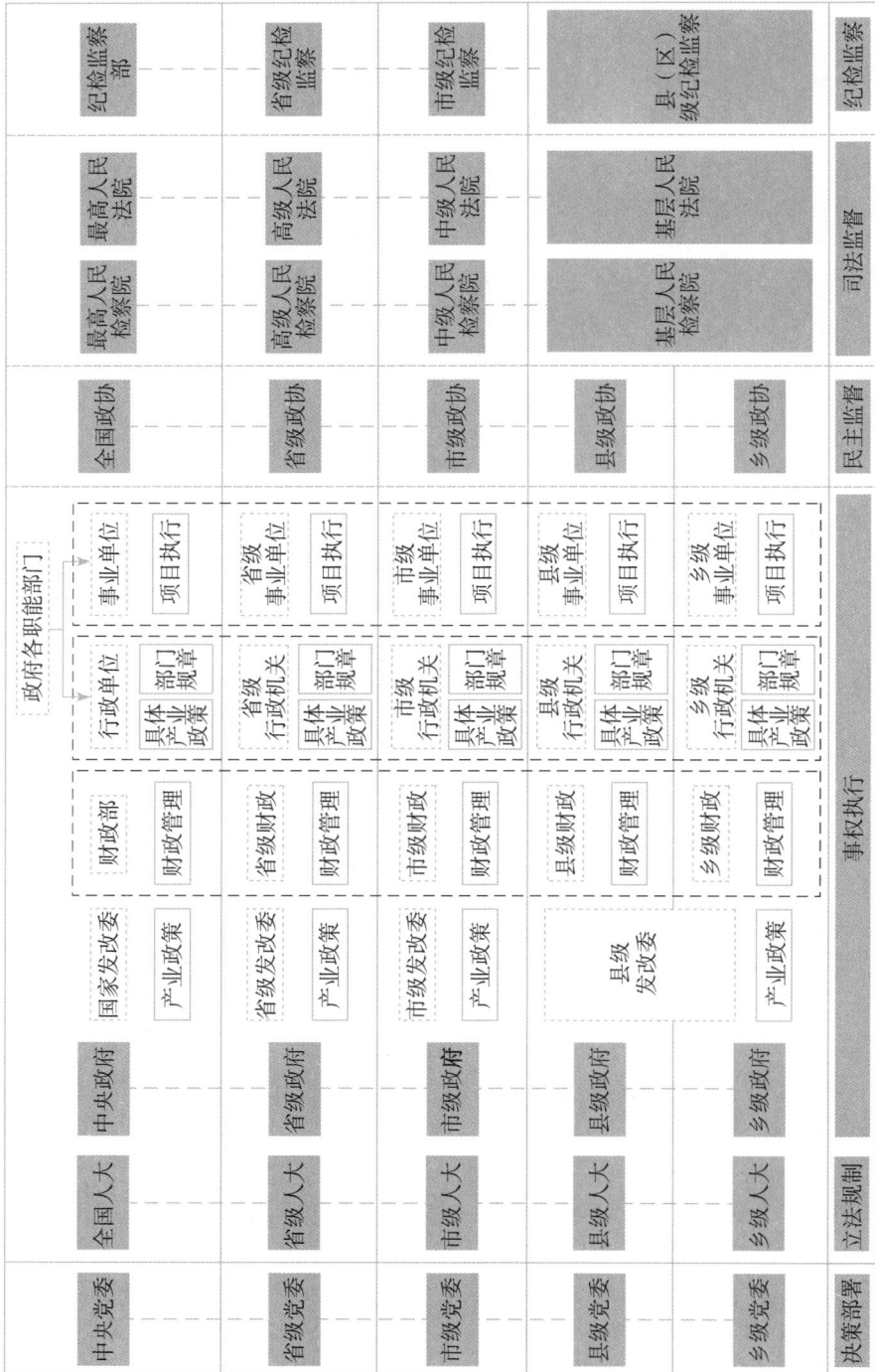

图3-4 政府内部控制基本理论框架

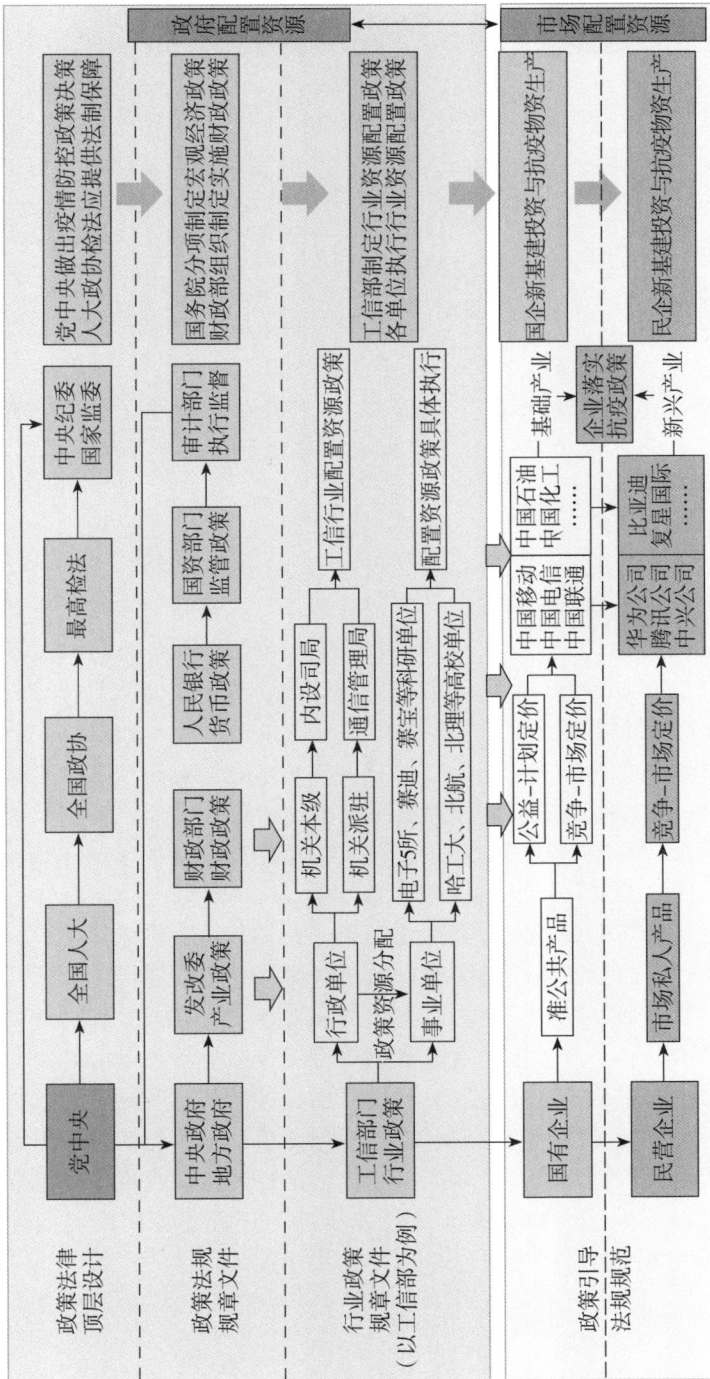

图3-5 政府内部控制微观基本逻辑

各方面各环节，同时建立法规，构建职责明确、依法行政的政府治理体系；发改委根据政府工作报告，发布产业政策，优先鼓励发展高新技术、创新创业、"三农"以及"一带一路"建设等相关产业；根据产业政策，财政部门制定相应的财政政策调节收支，而货币政策紧跟着产业政策、财政政策，与党中央国务院战略目标和宏观政策保持一致。为确保国家公职人员履职的合规合法，各部门制定相应的部门规章，明确制度执行流程，实行分事行权、分岗设权、分级授权，定期轮岗，强化内部流程控制，防止权力滥用，从而形成权责一致、制衡有效、运行顺畅、执行有力、管理科学的内部控制体系；统计局负责把所有政策执行过程中的成果进行统计，实时反应政策执行落地跟踪的情况；审计署作为经济监督部门，主要负责政策执行审计和规章执行审计，既要找问题的影响因素和经济后果，又要提出整改建议，国家审计在推进国家治理现代化中承担着维护国家安全、监督制约权力、加强反腐倡廉、推进民主法治和维护民生权益、推动深化改革等重要作用。

再次，在政策具体执行方面，政府组成部门为行业的主管部门，主要负责具体行业监管。以工信部为例，主要包括行政单位和事业单位，其中机关本级内设司局制定具体产业政策和部门规章，规定管理流程，通信管理局监督项目执行流程，确保项目执行的合规效率。而工信部的直属高校为政策提供人才和科技支持；国资委对竞争类国企和公益类国企进行管理，确保政府政策传导到国企；而国企能够引导民营企业更好地进行工作，民企主要分为完全跟随国企的民企以及类似腾讯、华为、中兴等政策上跟随国企，但是生产经营不依靠国企、完全有自己的创造能力、充分竞争的民企。政府通过政府补助、政府采购、政府投资、减税降费以及优化营商环境等行为影响企业，以达到充分发挥市场在资源配置中的决定性作用，更好地发挥政府的作用。

最后，研究最终形成了政府内部控制理论架构，进一步论述了政府内部控制基本逻辑。政府内部控制主体分为政府及财政内部控制、政府组成部门内部控制和行政事业单位内部控制三个层次。各个主体在组织层面通过权力分配进行政府管理组织架构建设，在业务层面通过规范权力运行、业务活动、经济活动等进行重点领域内部控制建设，在系统层面和监督层面进行信息管理和评价报告，最终形成内部控制各个要素的理论框架，将微观内部控制中的组织架构发展为治理环境，风险评估涵盖了公共风险，业务活动包括了计划组织、履职决策和经济活动控制，信息系统应用了大数据和人工智能技术，评价监督应用于内外利益相关者。一级政府内部控制微观基本逻辑如图3-6所示。

党的政策部署，人大立法规制——政策（正面方向引导）和法制（负面清单规范）

				评价报告	监督层面
纪检监察、人大监督与社会监督					
审计监督	审计监督	内部监督	内部监督		

				信息管理	系统层面
政府系统信息大数据平台					
财政信息	部门信息	财务信息	财务信息		

政府系统国有资产监管

| 财政事权匹配 财政投资资源分配 政府投资资源管理 公共资源交换 公共资源集中采购 | 部门经费分配入上级 非税收入上级 政府投资资源规划 政府资源规划 部门资源集中采购 | 单位资金使用 单位自行采购 单位采购合同 单位建设项目 | 单位资金使用 单位自行采购 单位采购合同 单位建设项目 | 经济控制活动 | |

业务层面

地方政府 财政预算	部门政策 预算分配	政策制定 经费预算	项目执行 预算管理
政府支出 财政绩效	部门整体 预算绩效	资金使用 项目绩效	资金使用 项目绩效

履职决策

政府规划 财政政策	部门规划 政策落实	政策分解 任务制定	任务项目 具体执行
政府支出 政策法规	部门规章 规范文件	机关内部 管理制度	单位内部 管理制度

公共事权 公共财权	政府事权 经济资源	部门政策 公共产品	部门项目 公共产品

计划组织　风险评估

内外环境　组织层面

政府履职 行政法规	部门履职 三定方案	机关履职 三定细化	单位履职 三定细化
财政政策 配置资源	党组领导 班子职责	行政机关 岗位职责	事业单位 岗位职责

政府财政内控管理 政府整体	政府部门内控管理 部门整体	机关行政单位内控 机关本级	所属事业单位内控 基层单位

政府内部控制标准　指引标准理论框架

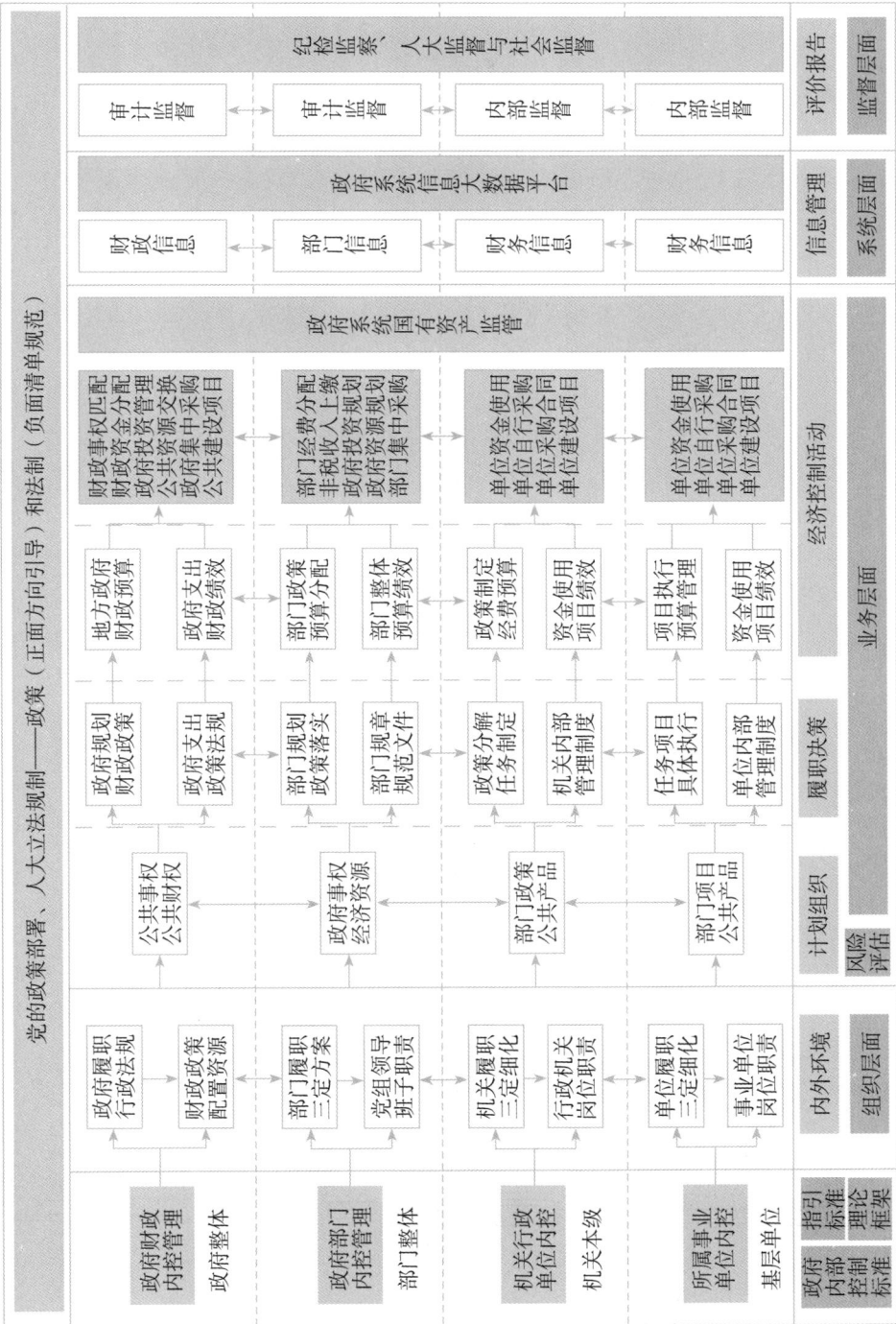

图3-6　一级政府内部控制微观基本逻辑

73

4 中国政府内部控制标准体系

本部分在前述理论研究和文献研究的基础上，结合了政策法规库的解构成果，与国家相关政策法规高度关联，并且借鉴了问卷、调研数据支持和现有的实践经验，形成了政府内部控制理论研究成果指导下的具体内容，即内部控制标准体系。整体研究框架内容见表1-1。政府内部控制标准内容共分为七个部分，分别为政府内部控制基本理论框架、风险评估和控制方法、政府组织层面、权力运行层面、业务活动层面、经济活动层面、监督与评价。

4.1 研究过程与整体说明

研究过程中课题组采用了政策法规依据分析、理论文献逻辑分析、问卷调查分析、实地调研分析和有效案例分析，本部分展示政策法规、问卷和调研的整体情况分析。

为了全面厘清国家政策法规，本研究对2008—2018年党中央、国务院及财政部等政策部门颁布的，要求事业单位全面执行的近470个财政财务法律法规和政策文件进行逐条解构，最终形成了法规库和政策库（以下简称法规政策库）。政策法规主要来自中共中央办公厅、国务院和财政部及其他部门，涵盖了财政资金分配使用、国有资产监管、政府采购、公共工程建设及行业特色业务的共11 080条相关政策法规。

同时，鉴于当前推动研究政府内部控制并没有成型的经验可供直接借鉴，因此相关地区基于内部管理需求及外部监督压力，在不同范围、层次上相继开展起了内部控制实践，并总结形成了相关的有益经验。基于此，本研究借鉴了2016年内部控制基础性评价以及2017年、2018年内部控制报告分析结果，以及多个国家部委，地方政府部门及下属行政单位、事业单位内部控制建设的实践经验[1]。

本次调查问卷以网络的方式进行发放，自2019年11月26日开始回收问卷，截至2020年4月28日，课题组已回收有效问卷136份。问卷填报人来自21个省、自治区、直辖市的政府部门，所在单位包含5个预算管理级次、涉及13个不同行业，其问卷调查结果同时具备广泛性和代表性。基于此份问卷的填报结果，课题

---

[1] 数据资料来源于笔者承担的财政部与东北财经大学部省共建课题和中央部委的内控咨询课题。

组进行了深入分析，以了解政府及其组成部门（含内设机构与下属单位）的组织架构、职能设置及对政府内部控制标准体系和实施机制的看法、建议和意见。

2019年11月至2020年1月，共计完成实地调研10次，调研单位9家，并形成10份调研报告。笔者在2019年11月和2020年1月分别对辽宁师范大学开展了两次调研，第一次调研主要是了解辽宁师范大学内部控制的建设现状，第二次调研主要是了解辽宁师范大学各业务部门对笔者阶段性研究成果（政府内部控制标准体系）的意见和建议。具体调研单位基本情况见表4-1。

表4-1　　　　　　　　　　实地调研基本情况表

序号	调研单位	调研时间
1	辽宁师范大学	2019年11月28日
2	辽宁省人民检察院	2019年12月10日
3	辽宁省直机关工委	2019年12月10日
4	政协辽宁省委员会	2019年12月10日
5	司法部机关	2019年12月12日
6	工信部部属高校	2019年12月13日
7	中国合格评定国家认可中心	2019年12月13日
8	宁夏回族自治区交通运输厅	2019年12月18日
9	工信部部属事业单位	2019年12月23日
10	辽宁师范大学	2020年1月2日

基于对以上研究过程的科学规划和有效分析，课题组最终确认了政府内部控制标准研究主要内容的整体说明，见表4-2。

表4-2　　　　　　　　政府内部控制标准研究整体情况

序号	构成要素	具体内容
一、基本理论框架		
1		1.《中共中央关于全面推进依法治国若干重大问题的决定》
2		2.《中共中央关于坚持和完善中国特色社会主义制度　推进国家治理体系和治理能力现代化若干重大问题的决定》
3		3.《中华人民共和国会计法》
4	（一）内部控制依据	4.《中华人民共和国预算法》
5		5.《会计改革与发展"十三五"规划纲要》
6		6.《行政事业单位内部控制规范（试行）》
7		7.《关于全面推进行政事业单位内部控制建设的指导意见》
8		8.《行政事业单位内部控制报告管理制度（试行）》

序号	构成要素	具体内容
9	（二）内部控制概念界定	1.以中国特色社会主义制度、国家治理体系和治理能力现代化为指导
10		2.以政府合规合法、运行绩效、信息真实、资产安全和防范风险为目标
11		3.以原则导向和规则导向相结合为基础
12		4.通过职能制度化和制度流程化来降低非预期政府干预
13		5.减少政府经济政策制定、执行和监督的不确定性
14	（三）内部控制适用主体	1.政府
15		2.政府组成部门
16		3.行政机关
17		4.事业单位
18	（四）内部控制范围	1.治理环境
19		2.业务活动（履职）
20		3.业务活动（经济）
21	（五）内部控制目标	1.行政合法合规
22		2.政府职能转型
23		3.加强政务信息公开
24		4.提高公共服务绩效
25		5.防范化解公共风险
26	（六）内部控制原则	1.全面性原则
27		2.重要性原则
28		3.制衡性原则
29		4.适应性原则
30		5.协调性原则
31	（七）内部控制建设步骤	1.厘清内部控制的政策法规制度依据
32		2.梳理内部权力运行活动和决策机制
33		3.明确内部机构岗位职责清单
34		4.系统分析业务活动（履职和经济）风险
35		5.确定风险点并选择风险应对策略以形成工作流程表单
36		6.根据国家有关规定建立健全规章制度并督促相关部门及其工作人员认真执行

续表

序号	构成要素	具体内容
二、风险评估与控制方法		
37	（一）风险识别与分析	1.定期评估业务活动（履职和经济）风险
38		2.政策法规、机构职能、业务活动或管理要求等
39		3.发生重大变化时，及时进行风险重估
40		4.成立风险评估工作小组
41		5.形成书面报告并及时提交
42		6.建立防范化解重大风险的预案制度
43	（二）风险清单	1.治理环境（包括权力责任配置、组织架构设置、机构职能分工、岗位人员职责）
44		2.业务活动（履职）（包括重大决策机制、政策法律遵从、政策文件制定、机关运转、人力资源、公共关系）
45		3.业务活动（经济）（包括财政资金分配使用、国有资产监管、政府采购、政府投资建设项目、公共资源交易）
46	（三）控制方法	1.不相容职责分离
47		2.授权审批控制
48		3.职能归口控制
49		4.预算控制
50		5.资产资源保护控制
51		6.会计控制
52		7.单据控制
53		8.信息公开
三、治理环境		
54	（一）权力职责配置	1.根据机构"三定"方案，确定政府履职事项
55		2.根据政府履职事项，确定财政事权和支出责任划分

序号	构成要素	具体内容
56	（二）组织架构设置	1.明确政府如何管理政府组成部门（含行政机关与事业单位）
57		2.明确政府行政机关（行政单位）如何管理下属单位（含事业单位）
58		3.明确行政事业单位领导班子如何管理内设机构及下属单位
59		4.明确决策责任主体（包括党组织领导班子、行政领导班子）
60		5.明确综合职能部门（包括行政、发展规划、财务、审计、纪检监察、法律风险、政策制定、机关运转、人力资源、公共关系）
61		6.明确经济职能业务（包括财政资金分配使用、政府采购、国有资产监管、政府投资建设项目、公共资源交易）
62		7.成立内部控制领导小组
63		8.成立内部控制建设工作小组
64		9.成立内部控制监督评价小组
65		10.确定内部控制建设牵头部门
66		11.确定内部控制监督评价牵头部门
67	（三）机构职能分工	1.落实党的领导和监督两个主体责任
68		2.落实机构"三定"方案，明确职能分工、机构设置、人员编制
69		3.根据具体职能要求设置内设机构和直属单位，明确机构职责
70		4.实现决策权、执行权和监督权的分离
71		5.健全分事行权、分岗设权、分级授权的管控机制
72	（四）岗位人员职责	1.防范岗位利益冲突
73		2.岗位责任制
74		3.不相容岗位相互分离
75		4.关键岗位轮岗与交流
76		5.定期培训
77		6.职业道德与专业技能考核
78		7.绩效考核与奖惩机制

序号	构成要素	具体内容
四、业务活动（履职）		
79	（一）重大决策机制	1.根据国民经济和社会发展计划及政府工作报告，制定工作规划
80		2.对涉及财政支持的领域，会同财政部门建立中长期重大事项科学论证机制
81		3.针对重大改革、重要政策和重大项目，建立适时研究调整机制，逐年更新滚动管理
82		4.根据工作规划合理确定年度工作任务
83		5."三重一大"决策制度
84		6.分级授权的决策机制与各层级的决策事项及金额标准
85		7.公众参与、专家论证、风险评估、合法性审查、集体讨论决定等重大行政决策法定程序
86		8.重大决策终身责任追究制度及责任倒查机制
87	（二）政策法律遵从	1.法律法规起草与审批
88		2.重大决策合法性审查
89		3.法律顾问制度
90	（三）政策文件制定	1.政策制定决策依据
91		2.政策制定决策机制
92	（四）行政审批与机关运转	1.日常工作任务与行政审批
93		2.公文管理
94		3.档案管理
95		4.保密管理
96		5.安全保卫
97	（五）人力资源	1.聘用管理
98		2.合同管理
99		3.调配管理
100		4.培训管理
101		5.考勤管理
102		6.绩效考评管理
103		7.薪酬发放管理
104		8.档案管理

序号	构成要素	具体内容
105	（六）公共关系	1.舆情管理
106		2.新闻宣传
107		3.信息公开
108		4.应急管理

五、业务活动（经济）

序号	构成要素	具体内容
109	（一）财政资金分配使用	1.中长期规划
110		2.项目库管理
111		3.预算编制、执行与决算管理
112		4.预算绩效目标、运行监控和绩效评价
113		5.非税收入征收和使用管理
114		6.财政票据、行政事业单位资金往来结算票据和发票管理
115		7.结转结余资金管理
116		8.公务卡使用管理
117		9.国库集中收付管理
118		10.国库转移支付管理
119		11.国库资金管理
120		12.专项资金分配和使用管理
121		13.政府债务管理
122		14.信息公开
123	（二）国有资产监管	1.资产出资管理
124		2.资产增量与存量综合管理
125		3.资产配置及处置标准制定
126		4.资产使用、调剂、出租出借、对外投资等环节审核监督
127		5.定期盘点
128		6.处置环节审核监督、处置平台建设和处置收益管理
129		7.资产评估机制与产权管理
130		8.资产清查与统计报告
131		9.资产使用绩效标准体系
132		10.政府投资权益资产管理

序号	构成要素	具体内容
133		1.政府集中采购目录及限额标准制定
134		2.采购预算及计划编制
135		3.采购方式和采购程序的执行过程管理
136		4.预算编制、资产管理与政府采购的沟通协调机制
137		5.重要事项备案管理
138		6.供应商、采购代理机构及评审专家的监督管理
139	（三）政府采购	7.验收及资金支付管理
140		8.合同与存档管理
141		9.执行情况绩效考核、评价和监督机制
142		10.信息公开
143		11.电子交易平台建设
144		12.采购人员及相关人员与供应商的利害关系处理
145		13.质疑与投诉管理
146		14.安全保密管理
147		1.投资建设项目决策管理
148		2.投资规划与立项管理
149		3.前期准备工作
150		4.建设项目设计及概预算管理
151	（四）政府投资建设项目	5.建设项目采购管理
152		6.建设项目实施过程管理
153		7.资金拨付管理
154		8.资金专款专用管理
155		9.质量管理
156		10.安全生产管理
157		11.竣工验收管理

序号	构成要素	具体内容
158		12.竣工决算与审计
159		13.结余财政资金上缴国库
160	（四）政府	14.全过程监督管理
161	投资建设	15.绩效管理
162	项目	16.项目评估制度
163		17.信息公开共享机制
164		18.档案管理
165		1.议事决策机制
166		2.申请、审核和审批机制
167		3.登记和登记变更管理
168		4.公共资源交易平台和电子交易公共服务系统
169		5.公共资源交易平台服务内容、服务流程、工作规范、收费标准和监督渠道
170		6.公共资源评标专家和评审专家分类标准
171		7.公共资源交易信息和信用信息公开共享制度
172		8.数据安全管理
173	（五）公共	9.市场主体、中介机构和交易过程信息的全面记录、实时交互
174	资源交易	10.市场主体和第三方评议机制
175		11.合同管理
176		12.成果验收及资金拨付管理
177		13.政务公开标准目录制定
178		14.公开事项审查、发布、反馈机制
179		15.投诉举报接收、转办、反馈工作机制
180		16.交易各方、行为和过程的动态监督和预警
181		17.工作人员监督、考核、评价管理
182		18.档案管理

序号	构成要素	具体内容
六、信息系统		
183	信息系统控制	1.业务活动覆盖情况
184		2.互联互通情况
185		3.升级改造
186		4.稳定性、准确性测试
187		5.政务大数据平台
188		6.账户授权管理
189		7.信息技术应用（区块链、机器学习、自然语言处理、数据接口&数据安全、机器人、人工智能、电子发票、云计算&云存储、大数据、电子档案、电子签名、采购云&资产云 RFID、物联网、图像识别、GPS 定位、移动互联&移动支付）
七、评价监督		
190	（一）评价指标	评价指标体系
191	（二）监督主体	1.内部监督部门
192		2.财政部门及其派出机构
193		3.审计机关及其派出机构
194	（三）监督内容	1.内部控制建设与执行有效性
195		2.评价结果落实情况后续追踪
196		3.奖惩制度
197		4.领导干部问责
198	（四）监督手段	1.内部控制自我评价报告
199		2.年度行政事业单位内部控制报告
200		3.巡视
201		4.纪检监察
202		5.审计

4.2 标准内容与具体说明

4.2.1 基本理论框架

1）政府内部控制依据

为了充分发挥财政在国家治理体系中的基础作用，落实法治政府、创新政府、廉洁政府和服务型政府建设要求，深化行政体制改革，规范各级政府财政事权与支出责任的匹配关系，健全权力运行制约和监督机制，研究成果参考了《中共中央关于全面推进依法治国若干重大问题的决定》《中华人民共和国会计法》《中华人民共和国预算法》《行政事业单位内部控制规范（试行）》《关于全面推进行政事业单位内部控制建设的指导意见》《行政事业单位内部控制报告管理制度（试行）》等法律法规和相关规定。

2）政府内部控制概念界定

研究成果所称内部控制，是指政府为实现国家治理的目标，以原则导向为基础，通过制定制度、实施措施、执行程序以及运用信息技术，对政府经济活动、业务活动和内部权力运行的风险进行防范和控制。

本研究在《行政事业单位内部控制规范（试行）》基础上，拓展了范围，将管控范围从原来的经济活动，扩展为经济活动、业务活动和内部权力运行，概念界定的详细理论见前述文献综述部分。

3）政府内部控制适用主体

研究适用对象为中央、省、市、县、乡五级政府，同时各级政府包括党的部门、人大部门、行政部门、政协部门、审判部门、检察部门、监察部门、各民主党派、人民团体（以下简称政府），非营利组织可以参照借鉴。

4）政府内部控制范围

政府内部控制范围包括治理环境、业务活动（履职）和业务活动（经济）三部分。

5）政府内部控制目标

本研究中政府内部控制的目标主要包括：行政合法合规、政府职能转型、加强政务信息公开、提高公共服务绩效以及防范化解公共风险。

①行政合法合规：各级政府及其组成部门在实际履行职能，运用内部权力过程中要严格按照法律法规的要求加以执行，切忌违法乱纪给国家财政造成损

失，这也是依法治国要求的体现。

② 政府职能转型：政府职能转型是实现国家治理水平提高的内在要求，通过政府职能转型，完善国家治理的结构。政府职能转型的实现，需要依托公共经济学与委托代理等理论，从思想上进行转变，并通过公共部门内部控制的建立与实施，将政府职能的转型落到实处。

③ 加强政务信息公开：该目标主要强调在开展政府内部控制建设过程中，应充分重视政务信息质量和报告问题，通过运用不相容岗位相分离等内部控制措施，加强政府内部经济活动、业务活动和内部权力运行活动开展过程中的审核审批，切实保障政务信息的真实性、准确性以及报告的及时性。

④ 提高公共服务绩效：政府治理要求政府在分配和使用财政资金、履行职能过程中，应切实考虑公众诉求，要将财政资金使用在民众所真正关心和亟待解决的问题上，从而解决新时代背景下人民日益增长的美好生活需要和不平衡不充分的发展之间的矛盾，致力于提高公共产品和公共服务的提供水平。因此在政府内部控制建立过程中，应贯彻落实党中央、国务院的决策部署，充分考虑对上述矛盾问题解决的引导作用，坚持将公共产品和公共服务的提供效率效果实现情况作为绩效考评标准，从而真正将财政资金分配并使用在应有之处。

⑤ 防范化解公共风险：政府治理内生要求实现从严治党，而打击腐败舞弊现象正是从严治党的重要内容。因此，在政府治理视角下，强化政府内部控制的建设必然要求以防范腐败和舞弊作为重要目标，这也是依法治国、从严治党在政府内部控制中的体现，可以实现有效落实廉洁政府建设要求及风险防控要求。具体来讲，政府内部控制一方面通过强化制度约束，建立"不能腐"的机制，从而实现将权力关进制度的笼子，构成防范腐败和舞弊的坚实防线；另一方面，政府内部控制建设还应强调对党风廉政建设工作的落实，严格落实相关岗位责任人员的廉政责任，从而切实体现新时代背景下党的领导作用，实现从严治党。

6）政府内部控制原则

政府内部控制原则可以确保政府内部控制建设基于正确方针加以展开。借鉴行政事业单位内部控制的建设原则，本研究对政府内部控制提出如下建设原则要求：

① 全面性原则：政府内部控制应立足于政府履职要求，通过内部控制体系的设计、实施和评价反馈，使内部控制贯穿部门经济活动、业务活动和内部权力运行管理的全过程。

② 重要性原则：在全面控制的基础上，政府内部控制应当关注重要经济活动、业务活动和内部权力运行的风险，对重大风险进行系统而全面的分析，进而

形成应对各种风险的对策。

③ 制衡性原则：政府内部控制应关注决策权、执行权和监督权的相互分离与相互协调，建立健全政府经济活动、业务活动和内部权力运行中的权力制衡和监督机制。

④ 适应性原则：政府内部控制应及时根据内外部环境变化加以调整，通过持续学习和积累经验增强应对能力，提升政府内部控制在面对外部环境变化时的反应能力。

⑤ 协调性原则：政府内部控制应以政府内部权力运行为主线，兼顾部门与部门之间以及部门内部各行政事业单位之间的经济活动、业务活动和权力运行活动，注重各项活动在各级政府之间的紧密衔接与信息共享。

7）政府内部控制建设步骤

政府应当根据上位政策法规建立适合自身实际情况的内部控制体系，并组织实施。具体工作包括解构形成上位政策法规作为依据，梳理内部权力运行和决策机制，明确内部权力运行责任清单，系统分析业务活动（履职和经济）风险，确定风险点并选择风险应对策略以形成工作流程表单，在此基础上根据国家有关规定建立健全各项规章制度并督促相关部门及其工作人员认真执行。

4.2.2 风险评估与控制方法

1）风险识别与分析

（1）概念界定

风险识别是指在事前运用一定的手段方法识别出重点领域多元化的风险，风险分析是指根据识别出来的风险进行系统性的分析。

（2）主要内容

政府应当建立经济活动、业务活动和内部权力运行风险定期评估机制，对存在的风险进行全面、系统和客观的评估。业务活动风险评估至少每年进行一次；外部环境、经济活动或管理要求等发生重大变化的，应及时对业务活动风险进行重估。政府开展风险评估应当成立风险评估工作小组，由具体负责的部门领导担任组长。风险评估结果应当形成书面报告并及时提交领导班子，作为完善内部控制的依据。

2）风险清单

（1）概念界定

风险清单是指通过风险识别和分析确定的各类风险的分类整理结果，以清单的形式存在。

（2）主要内容

风险清单主要包含两部分内容，即治理环境风险清单和重点领域风险清单。

①治理环境风险评估

政府进行组织架构的风险评估时，应当重点关注以下方面，见表4-3。

表4-3 治理环境风险评估关键风险点明细表

业务	序号	环节	管控内容
治理环境风险评估	1	内部控制工作的组织情况	包括是否确定内部控制职能部门或牵头部门；是否建立各部门在内部控制中的沟通协调和联动机制
	2	内部控制机制的建设情况	包括经济活动的决策、执行、监督是否实现有效分离；权责是否对等；是否建立健全议事决策机制、岗位责任制、内部监督等机制
	3	内部管理制度的完善情况	包括是否建立健全内部控制管理制度；是否得到有效执行
	4	政府职能明确情况	包括是否制订"三定"方案，是否明确政府职能以及具体工作部门的责任权限
	5	内部控制人员管理情况	包括是否建立工作人员的培训、评价、轮岗等机制；工作人员是否具备相应的资格和能力
	6	政府财务信息的编报情况	包括是否按照国家统一的会计制度对经济活动和业务活动事项进行账务处理；是否按照国家统一的会计制度编制财务会计报告
	7	其他情况	

②重点领域风险评估

政府进行经济活动、业务活动和内部权力运行的风险评估时，应当重点关注的内容见表4-4。

3）控制方法

（1）概念界定

控制方法（也称控制活动）是确保政府各项风险得以应对和控制的一系列制度和程序。

表4-4   **重点领域风险评估关键风险点明细表**

业务	序号	环节	管控内容
重点领域风险评估	1	财政资金分配使用情况	包括在预算编制过程中政府内部各部门间沟通协调是否充分，是否按规定严格执行预算编制管理工作；是否对非税收入和支出进行管控；是否对专项资金进行整合管理；是否严格控制政府债务，建立政府性债务风险防控机制
	2	国有资产监管情况	包括是否建立资产增量和存量综合管理机制，建立配置和处置标准；是否对资产的使用、调剂、出租出借、对外投资等环节实施审核监督；是否建立资产评估机制和资产统计报告机制
	3	政府投资管理情况	包括政府投资前期工作是否准备充分；投资决策是否经过科学合理的决策程序；投资计划编制和资金拨付是否经过审核审批；是否对开工建设、资金管控和竣工验收等全流程进行监控
	4	政府采购管理情况	包括是否按照预算和计划组织政府采购活动；是否按照规定组织政府采购活动和执行验收程序；是否按照规定保存政府采购活动相关档案
	5	公共资源交易管理情况	包括公共资源交易决策制定是否按规定流程进行申请审核；是否对决策执行过程进行有效的监管；是否对成果验收和资金拨付实施动态监管；是否公开交易过程信息
	6	公共工程建设管理情况	包括是否按照概算投资立项；是否严格履行审核审批程序；是否建立有效的招投标控制机制；是否明确工程投资限额；是否及时办理竣工决算；是否按照规定保存建设项目相关档案并及时办理移交手续
	7	其他情况	

（2）主要内容

控制活动从政府管理实际情况出发，从整体上对制度规范和控制方法进行设计，以此来规避或降低风险，保证各项业务的正常开展，从而实现内部控制目标。控制活动贯穿于整个政府管理过程，包括组织层级中的机构和岗位设置，也包括业务层级中的各个管理流程。针对不同的组织机构、岗位和业务流程，所需的控制活动也是不同的。为了完成某项控制目标，控制活动可以单独使用，也可以混合使用。控制方法主要包括不相容岗位分离控制、内部授权审批控制、归口管理、预算控制、财产保护控制、会计控制、单据控制、信息内部公开和信息系统控制等。政府应当建立"以预算管理为主线，以资金管控为核心"的内部控制体系，通过预算这一基本控制方法将所有业务衔接起来，合理设置内部控制关键岗位，明确各岗位职能范围、业务权限、审批程序和相应责任，确保财产安全完整，利用记账、核对、岗位职责落实和职责分离、档案管理、工作交接程序等会计控制方法，通过对单位外部来源的报销凭证和单位内部表单的控制规范收支管理，确保单位会计信息真实完整，将经济活动及其内部控制流程嵌入信息系统中，消除人为操纵因素。

本研究基于政府内部控制客体对象的重新界定，对政府内部控制的控制方法进行了调整，见表4-5。

表4-5 控制方法明细表

业务	序号	环节	管控内容
控制方法	1	不相容职责分离	不相容岗位相互分离。科学合理设置内部控制关键岗位，明确政府职责权限划分，对不相容岗位实施相应的分离措施，形成相互制约、相互监督的工作机制
	2	授权审批控制	明确各部门办理业务和事项的权限范围、审批程序和相关责任，建立政府内部重大事项集体决策和会签制度。政府应当根据《重大行政决策程序暂行条例》，明确有关重大行政决策的授权决策范围、标准和流程，确保重大行政决策法定程序的有序进行。政府相关部门及其工作人员应当在授权范围内行使职权、办理业务
	3	职能归口控制	根据各级政府实际情况，按照权责对等的原则，采取成立联合工作小组并确定牵头部门或牵头人员等方式，对有关经济活动、业务活动和内部权力运行实行统一管理
	4	预算控制	加强对经济活动和业务活动的预算约束，使预算管理贯穿于政府经济活动和业务活动全过程
	5	资产资源保护控制	建立国有资产资源的日常管理制度和定期清查机制，采取资产记录、实物保管、定期盘点、账实核对等措施，建立公共资源保护管理制度，确保国有资产资源的安全完整
	6	会计控制	建立健全财会管理制度，加强会计机构建设，定期组织会计人员参加大数据、信息系统等高端技术培训活动，以提高会计人员业务水平。强化会计人员岗位责任制，规范会计基础工作和信息系统操作流程，加强会计档案管理，明确会计凭证、会计账簿和财务会计报告处理程序
	7	单据控制	要求政府根据国家有关规定和政府经济活动、业务活动和内部权力运行，在内部管理制度中明确界定各项经济活动和业务活动所涉及的表单和票据，要求相关部门及其工作人员按照规定填制、审核、归档、保管单据
	8	信息公开	建立健全经济活动、业务活动和内部权力运行的相关信息公开工作制度，并指定部门专门负责信息公开的日常工作，根据国家有关规定和实际情况，确定信息公开的内容、范围、方式和程序，建立健全政府信息发布协调机制

4.2.3 治理环境

1）权力职责配置

（1）概念界定

权力配置来源于"三定"方案。"三定"方案是各级机构编制部门，对所辖范围内所有的党政机关、群团机关、事业单位等体制内机构，在单位初设或者机构改革过程中有重大变更事项时，颁布实施的纲领性文件，是体制内每一个单位的"身份证""户口簿"。"三定"具体是指：定职能、定机构、定编制。过去，只有党政机关叫"三定方案"，所有的事业单位都叫"九定方案"，是对三定的具体和延伸。

（2）主要内容

"三定"方案的具体内容包括以下三点：

定机构，就是确定行使职责的部门，包括机构名称、机构性质、经费来源等。单位的全称是什么，规范简称是什么也可以一并规定。机构性质是指单位是党委机关，还是政府工作部门，是行政单位，还是事业单位。经费来源，又叫作财政供养，党政机关是地方财政全额供养，事业单位还有全额供给、差额供给、自收自支三个分类。当然，事业单位改革后，以全额供给为主，差额供给基本都要改成全额供给，除乡镇卫生院等极少数单位外，不允许财政差额供给，更不允许成立自收自支类事业单位。

定职能，就是规定这个单位是干什么的，有什么具体职能。单位职能是指根据法律法规的规定，以及省级以上人大部门审批执行的条例和实施办法等，按照上级部门的要求，规定该机构的职能，包括行政审批事项，公共服务事项，以及事业单位承担的公益服务事项。按职能需要，设立内设机构和科（处、股）室，并细分其职能范围。

定编制，是确定单位的编制数以及领导职数。定岗定编，根据职能确定单位岗位需要，根据岗位确定编制数量性质，由组织和人社部门根据编制配备人员。编制和领导职数一经规定，轻易不能变更，组织部门不能超职数配备领导干部，人社部门也不能超编进人。

"三定"方案规定要求各机构严格落实主体责任，各部门主要负责人要亲力亲为，坚定不移地把党中央明确的改革任务落实到位。"三定"方案是解决各级行政机构管理混乱的一剂良方，更是根治基层特别是乡镇"混编混岗"顽疾的"杀手锏"。"混编混岗"亦是腐败。通过机构的"三定"方案，确定政府履职事项，并监督政府更好地履行职责。合理划分中央与地方财政事权和支出责任是政府有效提供基本公共服务的前提和保障，是建立现代财政制度的重要内容，是推进国家治理体系和治理能力现代化的客观需要。财政事权是一级政府应承担的运用财政资金提供基本公共服务的任务和职责，支出责任是政府履行财政事权的支出义务和保障。根据政府履职事项，确定财政事权和支出责任划分，这也是权力配置的基本内容。

2）组织架构设置

（1）概念界定

美国《联邦政府内部控制标准》中定义组织架构为"运行单元、操作流程和其他管理层为实现目标使用的结构"。现代管理学之父彼得·德鲁克对组织架构的认知是：日常的经营管理、创新和高层管理这三种不同的工作必须组合在同一组织结构之中，组织结构必须一方面以任务为中心，另一方面以人为中心，并且既有一条权力的轴线，又有一条责任的轴线。组织结构的概念有广义和狭义之分。狭义的组织结构，是指为了实现组织的目标，在组织理论指导下，经过组织设计形成的组织内部各个部门、各个层次之间固定的排列方式，即组织内部的构成方式。广义的组织结构，除了包含狭义的组织结构内容外，还包括组织之间的相互关系类型，如专业化协作、经济联合体、企业集团等。具体来讲，组织架构包括各层级机构设置、职责权限、岗位编制、工作流程及相关要求的制度安排。

（2）主要内容

组织架构设计，一方面，应当完善政府组织架构及内部权力结构，明确在基本公共服务提供方面的任务和职责，合理确定部门提供基本公共服务的范围和方式，将业务活动及内部权力运行涉及的战略规划、政策决定、执行实施、监督评价等环节在各个部门间及内部做出合理安排。另一方面，要确保对政府内部决策部门、执行部门和监督部门之间的职责加以科学划分并实现相互制衡，并灵活运用内部控制领导小组，成立建设工作小组和评价小组，确定内部控制的牵头部门和监督评价的牵头部门。具体来讲，政府组织架构内容主要包括管理体制、工作机制、部门职能和人员管理。

第一，管理体制。

内部控制是政府及其组成部门落实国家政策法规和高效履职的必要手段和方法，管理体制是单位内部控制建设效果的基础，领导重视程度是推进内部控制建设的"发动机"。一方面，应完善政府组织架构及内部权力结构，明确在基本公共服务提供方面的任务和职责，合理确定部门提供基本公共服务的范围和方式，将经济活动、业务活动及内部权力运行涉及的战略规划、政策决定、执行实施、监督评价等各环节在各部门间及部门内部做出合理安排。另一方面，应当建立内部控制的领导小组与工作小组，确定牵头部门与监督评价部门。

① 政府应当单独设置内部控制职能部门或者确定内部控制牵头部门，负责

组织协调内部控制工作。同时，应当充分发挥财政、国家资产管理部门、审计、纪检监察等职能部门在内部控制中的作用。

② 政府应当组织成立由主要负责人担任组长的内部控制领导小组，其成员应覆盖重点领域职能部门，负责政府各项经济活动、业务活动和内部权力运行活动的协调和沟通。

第二，工作机制。

党的十七大提出要"建立健全决策权、执行权、监督权既相互制约又相互协调的权力结构和运行机制"，因此政府在内部控制过程中也应该将科学权力运行机制的构建作为重要内容。具体来讲，内部控制运行机制设计就是结合政府内部控制执行主体内部组织架构情况及具体职责分工情况，按照决策、执行和监督相分离的要求，对运行过程中的内部决策机制、执行机制和监督机制进行有效设计。在对决策机制进行设计过程中，按照分事行权和分级授权原则，建立起科学的授权审批程序，切实加强对"三重一大"事项的决策审批控制，建立起公众参与、专家论证、技术咨询、决策评估和集体研究相结合的议事决策机制。在对执行过程进行设计过程中，则要严格按照审批结果及适当权限办理具体业务，并针对实际执行情况建立其相应的执行分析机制，及时采取调整措施。监督机制的设计则是要做到切实加强对决策、执行过程中的规范性、合规性进行有效监督检查，同时要切实保障监督职能履行的独立性，并注重监督作用的发挥。

① 政府经济活动、业务活动和内部权力运行的决策、执行和监督应当相互分离。

② 政府应当建立健全集体研究、专家论证和技术咨询相结合的议事决策机制。

③ 重大事项的内部决策，应当由领导班子集体研究决定，重大事项的认定标准应当根据有关规定和自身实际情况确定，一经确定，不得随意变更。

第三，部门职能。

政府层面各部门应当梳理形成权力清单，保证政府体系内部分工明确且协作高效，各部门内部依据"三定"方案建立岗位职责说明书，积极落实岗位责任制。政府应当依法履职，在法定职能范围内根据实际情况需要制定以下重点领域的相关政策。政府应当根据具体职能要求设置内设部门和直属单位，明确各部门各单位的职责，确保内设部门和单位之间的权力制衡，以实现决策权、执行权和监督权的分离。政府应当按照法定人员编制建立岗位责任制，关键岗位责任制度即进行分岗设权，结合"三定"方案情况，政府内部控制执行主体应严格按照不相容岗位相分离原则，将政府内部控制建设相关业务，包括与政府工作规划、政府事权划分、政府预算管理、政府资金管理、政府国有资产管理、政府公共资源管理业务所涉及岗位情况进行有效明确和设计，并按照一人一岗或一人多岗，将岗位职责划分情况切实落实到政府内部控制执行主体实际业务运行中。对于政府内部控制涉及的关键岗位，还应建立轮岗机制，对于确实无法做到轮岗的，则应采取必要替代措施，如加强内部审计监督等。此外，与岗位职责直接相关的就是实际负责人员，从政府治理角度来讲，一方面要强调对实际业务人员的能力要求，通过加强工作人员的招聘管控、业务培训，使业务人员能匹配岗位职责的标准要求；另一方面则从从严治党角度来讲，还应强调党风廉政责任意识的培养，并在此基础上，构建有效的政府内部控制的风险防范氛围。

① 政府应当建立健全"三定"方案，明确职能、部门设置和人员编制，建立健全分事行权、分岗设权、分级授权和定期轮岗的管控机制。

② 政府应当依法履职，在法定职能范围内根据实际情况需要制定以下重点领域的相关政策，重点领域包括财政资金分配和使用、国有资产监管、政府投资、政府采购、公共资源交易和公共工程建设等。

③ 政府应当根据具体职能要求设置内设部门和直属单位，明确各部门各单位的职责，确保内设部门和单位之间的权力制衡，以实现决策权、执行权和监督权的分离。各内设部门和单位间应当建立沟通协调机制，以实现政府的高效履职。

④ 政府应当按照法定人员编制建立岗位责任制，明确岗位职责及分工，确保不相容岗位相互分离、相互制约和相互监督，同时，应当实行内部控制关键岗位工作人员的轮岗制度，明确轮岗周期。

第四，人员管理。

在人员管理方面，政府领导应切实承担内部控制建设的主体责任，及时制定工作方案，明确任务分工，配备工作人员，健全工作机制，做好与其他部门的协调配合。内部控制关键职能部门应当具备与其职能相匹配的专业技术知识，应当定期对相关部门及其工作人员进行专业技能培训和能力提升训练，以保证政府履职的高效。内部控制关键岗位工作人员应当具备与其工作岗位相适应的资格和能力，应当自觉提高风险防范和抵制权力滥用意识，加强对工作人员的业务培训和职业道德教育，不断提升其业务水平和综合素质，营造良好的内部控制建设氛围。

3）机构职能分工

（1）概念界定

分工最初指的是劳动分工，即每个人负责生产过程中的一部分，随着社会生产规模扩大，分工理论被应用到管理中，职能分工的概念诞生。职能分工是指为实现组织目标，提高组织工作效率，把组织的任务分成不同层次、不同部门以及每个岗位，并且明确不同层次、部门和岗位的权力和职责。

（2）主要内容

落实党的领导和监督两个主体责任。中国所经历的革命、建设和改革的历史说明党有能力领导人民走向民族复兴，党的十九大报告强调："要明确中国特色社会主义最本质的特征是中国共产党领导，中国特色社会主义制度的最大优势是中国共产党领导，党是最高政治领导力量。"坚持党的领导和监督是政府进行职能分工管理的前提和基础。

落实机构"三定"方案，明确职能分工、机构设置、人员编制。明确职能分工要重点关注行政管理中的越位、缺位和错位问题，减少职责交叉现象。明确机构设置要在界定部门职权时，确定部门应承担的责任，做到有权必有责，权责相一致，强化政府机关工作人员的责任意识有助于提高政府执行力和公信力。明确人员编制一定要坚守总量底线的原则，即按照中央提出的人员编制总量执行。

根据具体职能要求设置内设机构和直属单位，明确机构职责。根据"三定"方案的职能划分和编制的要求，设置内设部门和直属单位并对其职责进行划分。按照不同的行政职能，单位可以设置不同的业务部门，提供专业化的社会服务。

实现决策权、执行权和监督权的分离，行政事业单位在进行权力分配时要有意识地将这三种权力归属到不同的机构中，以达到权力制衡的目标。决策者评估单位经济活动的风险后选择最优决策；执行者根据决策进行权责的进一步细分，协调决策的实施，并将实施结果反馈给决策者；监督者以独立于决策者和执行者的身份存在，监督决策者是否科学决策和执行者是否严格按照决策执行。

健全分事行权、分岗设权、分级授权的管控机制。党的十八届三中全会通过的《中共中央关于全面深化改革若干重大问题的决定》（以下简称《决定》）提出："坚持权责法定，健全分事行权、分岗设权、分级授权、定期轮岗制度，明晰权力边界，规范工作流程，强化权力制约。"这要求政府部门行使权力要依照法定程序，不能越权，也不能失职，更加不能滥用权力，要求单位实现权力运行制度化、规范化、程序化。

4）岗位人员职责

（1）概念界定

岗位是构成组织的最小单位，岗位是组织的细胞。岗位职责是指岗位必须承担的工作范围、工作任务和工作责任，是员工在履行其工作过程中必须遵守的基本原则。工作范围是岗位之间的工作边界分工，工作任务是岗位围绕其工作范围开展的各项事务，工作责任是岗位对于某项工作任务所扮演的角色属性，如负责、参与、配合、主持、组织、协调、监督、审核、批准、核准等（刘建胜，

2019）。

（2）主要内容

所谓不相容岗位，是从相互牵制的角度出发，不能由一人兼任的岗位。对于行政事业单位而言，各项经济活动通常需要事项申请、内部审批、业务执行、信息记录、监督等环节，不言而喻，不相容岗位意味着事项申请的岗位应当与内部审批的岗位分离，内部审批的岗位应当与业务执行的岗位分离，业务执行的岗位应当与信息记录的岗位分离，监督岗位应当与业务执行、信息记录岗位分离。

对于行政事业单位来说，建立和实施内部控制，主要从单位层面和业务层面两个方面来考虑。在不相容岗位的分析疏理中，主要体现在经济活动的业务层面，内部控制的风险评估重点应关注预算业务、收支业务、政府采购、资产管理、建设项目、合同六个方面（孙志娟，2018）。

科学的岗位设置是保障流程有效运行的关键，细化的职责分工是履行岗位责任的前提。行政事业单位要科学设置内设机构、管理层级、岗位职责权限、权力运行规程，按照决策、执行、监督相互分离、相互制衡的要求，细化流程中不同环节的责任部门和责任岗位，切实做到分事行权、分岗设权、分级授权，并定期轮岗。要聚焦关键环节和风险点，建立岗位的权力清单和责任清单，通过责任书细化岗位职责、岗位权力以及与其他岗位的关系，保障岗位权责清晰、标准明确，实现岗位责任可追溯、可考核、可检查、可监督（薛皓月，2018）。

岗位职责与分工的关键控制点包括是否明确各业务部门的岗位职责；是否明确经济业务相关的财务、内部审计、经管部门的岗位职责；关键重要岗位是否保持相对独立性，有职责权限等内部控制措施。此外，关键岗位责任制的关键控制点包括是否明确关键岗位职责及分工；是否对关键岗位的工作人员实行定期轮岗。各部门职能明确，根据各自职能范围开展工作，业务流程清晰准确，各部门之间配合紧密，是企业提高经营效率的关键（连洁，2019）。

4.2.4 业务活动（履职）

政府职能是指政府的职责和功能，是其所有活动的起点，行政活动的灵魂，职能定位是否科学准确，是政府能否正确有效行使权力、发挥作用的前提和基础（石佑启，2019）。政府履职是指政府部门通过监管、服务、执法实施其承担的职责和拥有的职权（高小平，2012）。政府履职方式表现为监管方式、服务方式、执法方式。政府全面履职指政府按照依法行政的要求，做到职权法定、依法办事，要求政府不越权、不失职、不滥用权力、程序正当合法且内容合理适当（石佑启，2019）。全面履行政府职能，需要妥善处理政府与市场、政府与社会、政府层级间的关系，明确政府与市场、社会的边界，建设有限政府和责任政府，激发市场和社会活力，强化宏观调控、市场监管、公共服务、社会管理、环境保护等职能：加强宏观调控，促进经济持续健康发展，健全以国家发展战略和规划为导向、以财政政策和货币政策为主要手段的宏观调控体系；加强市场监管，维护市场秩序，紧紧围绕建设统一开放、竞争有序的市场体系，建立公平开放透明的市场规则，实行统一的市场准入制度，统一的市场监管；加强公共服务，让发展成果更多、更公平地惠及全体人民，政府职能向提供优质公共服务转变，提高包括公共教育、公共卫生、公共文化、公共安全、社会保障、促进就业、社会救助等公共服务质量；加强社会管理，发挥政府在社会治理中的主导作用，加快政府社会管理职能转变，健全政府社会治理的职责体系，科学界定各职能部门在社会治理和公共服务中的职责任务，合理划分中央政府和地方政府在社会治理中的事权；加强环境保护，提高生态文明建设水平，划定生态保护红线，建立健全完整的生态文明制度体系，用制度保护生态环境。

要全面正确履行政府职能，当前各级政府必须深化对政府与市场关系的理解，牢固树立在资源配置中市场起决定作用的理念，凡是市场能够解决的问题，政府不宜插手和干预；必须简政放权，通过深化行政审批制度改革，尽量减少政府对市场的干预，正如《中共中央关于全面深化改革若干重大问题的决定》中所指出的，凡是"市场机制能有效调节的经济活动，一律取消审批"；必须抓好发展战略、规划、政策、标准等的制定和实施，为市场运行创造一个良好的环境；必须加强对市场的监管，维护市场运行的正常秩序；强化公共服务，为市场运行创造良好的、充分而必要的条件。

政府履职涉及多方面，除上述职责外，还需要根据国民经济和社会发展计划及政府工作报告，制订工作计划；对涉及财政支持的领域，会同财政部门建立中长期重大事项科学论证机制；针对重大改革、重要政策和重大项目，建立适时研究调整机制，逐年更新滚动管理；根据工作规划，合理确定年度工作任务；对政府职能的执行过程进行监督；事后也要实行绩效考核和监督评价机制。

履行政府职能的行为方式和活动过程往往因附加了履职者个人的价值理解和自由裁量，存在着与政府职能本质属性或即或离的多种选择，加强法律的规范和约束，是提升政府履职行为和活动正能量的有效之举。全面正确履行政府职能，需要建立健全立法规范、守法规范、执法规范、司法规范四位一体的法治保障。

1）重大决策机制

（1）概念界定

一般而言，决策是指"选择一个可供贯彻实行的方案的过程。形成决策通常要有一个决策者（做出最后选择的人）和一个决策机构（所有参与决策的人组成的小组、团体或政府）。他们通过分析信息、确定目标、提出各种方案、对这些方案做出评价，然后得出一个结论来对一个确定的问题或一系列问题做出反应"

（戴维·米勒，韦农·波格丹诺，2002）。决策体制中包含决策结构、决策方式和决策机制。决策机制是指相互关联的决策环节、步骤、阶段按照一定的先后次序排列形成的规范、有序的决策流程。国家决策是一个多种因素相互作用、各种利益关系相互博弈的动态过程，决策机制实际上就是为了保障这种动态过程有序化的制度化安排（周光辉，2010）。从政府权力运行层面探讨政府决策机制，政府决策，是国家管理公共事务的一项基本职能，现代意义的政府决策，肇始于资本主义社会。按照权力划分与制衡的原则，即根据"三权分立"的要求，西方国家将国家权力划分为立法权、行政权、司法权。每一种权力本身又划分为决策权、执行权和监督权。因此，就决策权而言，从横向上划分为立法决策权、行政决策权、司法决策权，从纵向上划分为中央决策权和地方决策权。三权中的行政权，属于政府所有。政府要行使好行政权，关键要行使好行政决策权。政府决策，绝非一个短暂的瞬间，而是表现为由一个系统操作的过程，因而构成一个决策机制。政府决策机制的结构也是这样，主要应由决策主体、决策机构、决策制度和决策程序四个要件组成（许耀桐，2008）。

（2）主要内容

决策机制应该包括四个方面：第一，"三重一大"决策制度，即重大问题决策、重要干部任免、重大项目投资决策、大额资金使用。第二，分级授权的决策机制与各层级的决策事项及金额标准。第三，公众参与、专家论证、风险评估、合法性审查、集体讨论决定等重大行政决策法定程序。第四，重大决策终身责任追究制度及责任倒查机制。

"三重一大"决策制度是贯彻民主集中制的重要途径，如《第十四届中央纪委第六次全会公报》就指出，认真贯彻民主集中制原则，凡属重大决策、重要干部任免、重大项目安排和大额资金使用，必须经集体讨论做出决定。"三重一大"的总体目标是保障重大决策的科学化、民主化与合法化，中共党组是中国共产党组织体系与执政体系中重要的一环，是实现党对国家机关工作领导的重要组织形式和制度保证，在本单位发挥领导核心作用。党组的有效运转需要内化于国家立法、行政和司法机关重大决策行为中，并进行具体的程序完善（余礼信，2016）。

分级授权的决策机制与各层级的决策事项及金额标准：党的十八届四中全会通过的《中共中央关于全面推进依法治国若干重大问题的决定》提出"加强对政府内部权力的制约，是强化对行政权力制约的重点。对财政资金分配使用、国有资产监管、政府投资、政府采购、公共资源转让、公共工程建设等权力集中的部门和岗位实行分事行权、分岗设权、分级授权，定期轮岗，强化内部流程控制，防止权力滥用"，首次将内部控制思想提升到治国理政的高度，为政府内部控制实现政府治理目标提供了逻辑框架及应用抓手（唐大鹏，常语萱，2018）。

公众参与、专家论证、风险评估、合法性审查、集体讨论决定等重大行政决策法定程序：党的十八届四中全会指出："健全依法决策机制。把公众参与、专家论证、风险评估、合法性审查、集体讨论决定确定为重大行政决策法定程序，确保决策制度科学、程序正当、过程公开、责任明确。建立行政机关内部重大决策合法性审查机制，未经合法性审查或经审查不合法的，不得提交讨论。"范柏乃（2016）提出良好的政府形象、深入的公众参与能促使公共服务供给更大程度上提升公共服务感知绩效。江国华（2017）指出重大行政决策专家论证制度的目的在于弥补政府独立决策的理性不足，促进重大行政决策的科学化。习近平总书记在中纪委全会上强调，要加强对权力运行的制约和监督，把权力关进制度的"笼子"里，形成不敢腐的惩戒机制、不能腐的防范机制、不易腐的保障机制，表明国家越来越关注行政风险，防范腐败风险。王仰文（2012）提出重大行政决策合法性审查是建设社会主义政治文明的根本要求，重大行政决策合法性审查是做好"保增长、保民生、保稳定"工作的关键所在，重大行政决策合法性审查是保障人民群众合法利益的必然要求。重大行政决策集体讨论决定制度是指对于重大行政问题，必须充分讨论，集体决定，坚决反对个人说了算或少数人专断。重大行政决策集体讨论决定是民主集中制的直接体现，能够避免在重大行政问题决策上的失误（赵娜，方卫华，2014）。

重大决策终身责任追究制度及责任倒查机制，是党的十八届四中全会提出的要求。实现国家治理现代化，建立以决策问责为核心的责任政府是关键。在厘清集体决策责任与个人决策责任界限的基础上，通过建立科学的决策责任终身追究制度和责任倒查机制，实现决策问责制度的优化重构（谷志军，陈科霖，2017）

2）政策法律遵从

（1）概念界定

政策法律遵从是指在具体执行过程中防范潜在风险，行为合法。

（2）主要内容

从宏观政治体制上看，我国公共政策过程是高度精英主义取向的，党和政府高层的态度对于政策制定起到决定性作用。在幅员广阔、人口众多且各地区发展不平衡的基本国情下，这种决策体制保证了决策的效率，利于政策的统一性和稳定性。从决策方法上看，现存的决策体制主要依赖经验决策，决策者主要凭直观判断和已有经验进行决策，缺乏严格的决策程序和科学论证。

在政策制定方面，以中央层面的决策体制为例，大致可分为三个层级。位于最高层级的是中央政治局和全国人民代表大会为核心的政策共同体。一些重要议题或法律法规的制定需要全国人民代表大会相关专门委员会牵头，而涉及国家发展、经济政治改革的重大决策问题一般需要在中央经济工作会议或党的政治局会议上进行讨论和决策。次一级的决策层级是以国务院总理或副总理为核心的或是以政治局常委牵头的多部门协调合作的政策共同体。最低的决策层级是以国务院单个部门为核心的政策共同体。一般来说这类决策问题影响范围比较小，在单个政府职能部门的权限内即可做出决策。在我国虽然存在着中央和地方不同层级的决策共同体，但是却存在着较为一致的决策规则：民主集中制。民主集中制的本质是寻求决策中的"集体理性"，以达成一致同意的目标。这是我国决策议事规则的重要创新和独特之处。

3）政策文件制定

（1）概念界定

政策文件制定风险是指政府及单位出台法律法规要关注的风险。

（2）主要内容

一项政策的出台往往是为了解决相应的现实问题，而政策制定的好坏从源头上预见了政策实施结果的好坏，因而政策制定必须慎之又慎，遵循相应的规律及原则，尽可能地避免政策制定偏差的出现。

①信息全面准确原则

信息是政策制定的基础和依据。政策制定实际上就是一个与政策有关的信息的输入—处理（规划方案）—输出的过程。信息的收集、加工和处理，贯穿于政策制定的整个过程。政策的科学性是与信息的全面性、真实性成正比的。信息越全面、准确，政策制定就越具有科学性。

②系统协调原则

在政策制定时，要从系统论的观点出发，进行综合的分析。要将整体利益与局部利益、内部条件与外部条件、眼前利益与长远利益、主要目标与次要目标相结合。要注意各项政策之间的相互联系、相互影响、相互制约关系，从而使各项政策成为一个有机整体，相互支持，协调配套。

③科学预测原则

所谓科学预测，就是在正确的理论指导下，按照科学的原则、程序和方法对未来情况进行估计的活动。政策制定中只有运用科学预测，对于未来条件变化、方案执行结果及其影响等方面进行预测分析，才有可能制定出正确的政策，避免政策失误。

④民主参与原则

政策制定中的民主原则首先就体现在政策是否能真正反映人民的要求和愿望，是否能最终使群众获得利益。其次要求政策能保障人民在国家政治、经济、文化生活等各个领域中，享有同等的权利和利益分配；再次是要重视发挥专家智囊团的作用。公民参与政策制定能够提升政策质量，因而政策制定应当扩大民主参与范围，畅通民主参与渠道，建立科学的公众参与机制，保证政策制定切实符合社会最广大人民的根本利益。

⑤稳定可调原则

政策既要保持连续性和稳定性，考虑与原有政策的衔接或过渡，注重政策间的协同效应；同时又应留有一定的弹性空间，使其能够在外界环境发生变化时及时做出相应的调整与变动，政策制定时宜高瞻远瞩，从长远利益出发。

4）行政审批与机关运转

（1）概念界定

"机关"的本义原本是机器上的启动器械。人们把它引申到管理学上，泛指为实现国家职能而组织的重要的管理机构（孙君明，2001）。机关运转即行政机关利用国家所提供的经费、办公条件、交通工具等物质条件来依法有效行使职权、全面履行职责。

（2）主要内容

① 日常工作任务与行政审批。

② 公文管理。从机关运行的微观组成部分来说，公文是党政机关、企事业单位、法定团体等组织在公务活动中形成和使用的具有法定效应和规范体系的公务文书，是依法行政和进行公务活动的重要工具。在现代信息化的背景下，电子政务不断深入开展。电子政务是"电子"与"政务"的融合，电子公文是电子政务的"血液"，政府要走向更透明、更负责任，必须将电子公文管理纳入电子政务的规划中。将政府信息管理纳入电子政务建设并制定一个综合性战略框架，针对电子政务所带来的变化，对现有的法律与行政管理规划进行修改与完善，使电子公文管理与电子政务的需求同步，通过立法或对已有法令的修改与完善，以解决电子公文运行与长期保存中的安全问题。

③ 行政档案是指国家行政机关依据法律规定的职权，在管理国家的各项活动中所形成的一切具有保存价值的文件材料经归档整理后所形成的文件集合。行政档案管理工作是行政管理工作中不可缺少的基础性工作，其为行政机关工作提供查考的依据，有利于提高政府工作效率，进而促进机关高效运转。要加强档案立法工作，各个机关加强档案工作管理的意识，建立档案工作科学的管理制度，同时将档案工作的责任具体落实到人。档案管理部门同样应处理好档案信息管理与信息公开的关系，应在建设透明政府、法治政府精神的指导下，将主动公开档案信息工作作为整个档案管理部门工作的重中之重，在法定公开档案信息的基础上，有条件地、有步骤地做好依法申请公开档案信息工作，积极行使档案管理部门被赋予的且有利于档案信息公开的自由裁量权，进而深入推进档案信息公开

工作。

④ 保密管理是机关日常运行的一项重要工作。一方面，在复杂的国际形势下，维护信息安全是保障国家安全与发展、维护国家主权的重要组成部分。不能因为政府信息公开，就放弃保密原则。"在世界政治中，不但权力，信息也是一项重要的体系变量。""保密是享有某些我们最为珍视的自由的前提。有效地追求社会、经济和政治目标，通常需要思想、表达和行为的保密性。无疑，承认这些保密的权利违反了作为一个整体的社会的知情权。但如果没有这些法律上的权利，那么，就会丧失我们最为珍视的社会品质。"因此，对信息资源的有效控制构成信息化时代国家彰显主权的一部分。但另一方面，信息公开是现代民主国家的内生诉求。实行政府信息公开、尊重群众的知情权，是现代行政的特点，是促进我国的政治、经济、社会等领域改革和发展的制度保证。只有不断推进政府信息公开，才能确保依法行政的顺利进行，实现对政府的有效监督，提高机关运行效率。公开与保密是信息制度的一体两面，信息公开与保密的博弈伴生于国家的存在与发展，是现代信息制度的一体两面。如果说政府信息公开为现代民主法治发展创造了条件，那么信息保密则为社会良性发展态势之维持提供了基础，二者是一个既矛盾又统一的概念。因此要正确理解和处理好信息公开与保密工作的关系，各个政府机关要适应政府信息公开的新形势，完善保密制度，强化保密法治化管理，确保国家秘密的安全，积极探索新的保密管理方式，确立相关信息公开与保密的基本范围与原则，明确哪些可以公开，哪些不应该公开，才有可能科学地定密，并在此基础上实现政府信息的公开化。

⑤ 安全保卫。从宏观整体的角度来说，机关运行保障应当以科学的保障计划为支撑。为切实保障党政机关的合法、正当需求，机关事务管理部门应当采用机关运行保障计划的路径和方式。只有计划本身是科学的，才能达成当初的目的，避免带来费用负担及各业务部门难以依法行使职权、全面履行职责等重大损害。为改善和提升机关运行保障计划的实效性，须夯实机关运行保障计划的科学基础。制订科学的保障计划，应当切实把握具体状况和相关政策，一方面要考虑所制订的计划是否能满足各业务部门的正当需求，另一方面还要考虑该计划如何才能落到实处。

要实现机关事务管理法治化，当务之急是制定一部完善的《机关事务法》。首先，要通过立法明确机关事务部门的职责和权限，包括哪些行政和社会事务。只有这样，才能使机关事务部门做好统一规划、配置资源、组织服务和强化管理等方面的工作。其次，要通过立法明确划分机关事务部门与其他相关部门的职责界限，确保其完整、全面、独立履行职能。具体来说，就是合理界定机关事务部门与发展改革、财政、建设、国土等部门的职能边界，避免越位、错位、缺位等问题出现。再次，要尽快制定与《机关事务法》配套的行政法规和规章，构建机关事务法规制度体系（余少祥，2019）。

统一机关事务标准，建立行为规范、运转协调的机关运行机制。在指导思想和目标上，要落实《国家标准化体系建设发展规划（2016—2020年）》的要求，坚持政府引导、市场决定、标准先行、合力推进，坚持"量化、简化、固化、强化"的原则，在管理、保障、服务各领域，夯实工作基础，打造标准体系，推动标准实施，强化标准监督，提升标准化服务能力，建设具有适用性、综合性和前瞻性特点的标准体系。在工作重点和路径上，着力落实《机关事务管理条例》规定，以实物定额和服务标准为突破口，建立定额完整、体系健全的工作标准，重点建立机关运行经费预算支出定额和开支标准，机关资产配置标准，办公用房建设、维修和物业服务标准，公务用车编制和配备标准，公务接待服务和开支标准，后勤服务项目和标准等，逐步形成标准体系。在基础工作和切入点上，要以机关运行经费为抓手，明确标准的制定主体、分类办法、实施方案和工作步骤，逐步构建符合机关运行和预算管理实际的预算支出标准体系（王德，2017），实现预算功能科目分类与经济科目分类对政府行政运行成本框架体系的基础指导作用，建立服务预算绩效目标、决算和绩效评价的成本决策信息库（唐大鹏，王璐璐，2018）。

5）人力资源

（1）概念界定

政府人力资源管理，或称政府部门人力资源管理，隶属于整个人力资源管理系统，有别于企业人力资源管理，是指以国家组织单位人力资源（主要指公务员）为主要分析对象，研究管理机关以社会公正和工作效率为目的，依据法律规定对其所属的人力资源进行规划、录用以及培训、开发、保障等管理活动过程的总和。政府人力资源管理作为整个社会人力资源管理的一个子系统，与其他人力资源管理有着相同的地方，但作为一个区别于其他子系统的独立系统，也有其特别之处。概括地讲，政府人力资源管理的特点主要体现在主体的权威性、目的的公益性、体系的复杂性及运行的法治性几方面（杨钰，2012）。政府人力资源管理系统是对政府人力资源管理一系列工作及其协同作用机制的一种客观描述，其最终目的是服务于政府的各项工作职能。从人力资源管理系统的构成与运作过程来看，宏观层面的人力资源管理系统包括人力资源制度、人力资源政策、人力资源机构、人力资源总量和人力资源实践；微观层面的人力资源管理系统则包括人力资源战略与规划、组织设计与工作分析、人力资源招聘、人力资源培训、绩效考核、薪酬管理、员工职业生涯规划、员工关系协调、员工行为监督与奖惩、人力资源保障等环节（赵源，2018）。

（2）主要内容

人力资源管理主要包括以下六个方面的内容：

一是人力资源规划，也叫人力资源计划，是指为实施企业的发展战略，完成企业的生产经营目标，根据企业内外环境和条件的变化，通过对企业未来的人力资源的需要和供给状况的分析及估计，运用科学的方法进行组织设计，对人力资源的获取、配置、使用、保护等各个环节进行职能性策划，制订企业人力资源供需平衡计划，以确保组织在需要的时间和需要的岗位上，获得各种必需的人力资源，保证事（岗位）得其人、人尽其才，从而实现人力资源与其他资源的合理配置，有效激励、开发员工的规划。

二是招聘与配置，指的是组织为了发展的需要，根据人力资源规划和工作分析的要求，寻找、吸引那些有能力又有兴趣到本组织任职的人员，并从中选出适宜人员予以录用的过程。组织主要有以下五种人员配置形式：人岗关系型主要是通过人员管理过程中的各个环节来保证组织内各部门各岗位的人员质量；移动配置型通过人员相对上下左右岗位的移动来保证组织内的每个岗位人员的质量；流动配置型通过人员相对组织的内外流动来保证组织内每个部门与岗位人员的质量；个人－岗位动态匹配型通过人员规划、工作分析、人员测评、合理配置、动态优化与配置，来使企业整体的人员达到优化配置；个人与组织发展的匹配型指个人的价值观与组织所奉行的价值观相一致，并且个人与同事要易于形成强有力的工作团队。

三是薪酬福利与激励，就是有效地提高员工工作的积极性，在此基础上促进效率的提高，最终能够促进企业的发展。在企业盈利的同时，员工的能力也能得到很好的提升，实现自我价值。激励是主体通过运用一些手段或方式来刺激客体以达到预期的目标。在一些大中型企业，激励的目标就是为了调动各个岗位员工的工作积极性、创造性，达到企业盈利的目的。薪酬激励是经济学和管理学研究的重点问题。在经济学视角下，比较有影响的薪酬激励理论有：委托代理理论、人力资本理论、按贡献分配理论、分享经济理论、知识价值理论。这些理论从不同侧面说明了薪酬，特别是绩效工资，是一种直接有效的激励手段。

四是培训与开发。员工培训是指企业有计划地实施有助于提高员工学习与工作相关能力的活动。这些能力包括知识、技能和对工作绩效起关键作用的行为。员工开发是指为员工未来发展而展开的正规教育、在职实践、人际互动以及个性和能力的测评等活动。国内外的培训开发的学者们都认为培训可分为四个步骤进行。这四个步骤分别是：培训需求评估、培训规划制定、培训的实施、培训效果评估。

五是绩效管理，是指各级管理者和员工为了达到组织目标，共同参与的绩效计划制订、绩效辅导沟通、绩效考核评价、绩效结果应用、绩效目标提升的持续循环过程，绩效管理的目的是持续提升个人、部门和组织的绩效。绩效管理强调组织目标和个人目标的一致性，强调组织和个人同步成长，形成"多赢"局面；

绩效管理体现着"以人为本"的思想，在绩效管理的各个环节中都需要管理者和员工的共同参与。绩效管理的过程通常被看作一个循环，这个循环分为四个环节，即绩效计划、绩效辅导、绩效考核与绩效反馈。

六是员工关系，是指劳资双方的关系，员工关系会对企业的发展潜力产生强烈的影响，这种关系取决于不同的社会环境以及管理者对员工的基本看法。管理者既要把员工看作需要通过资源投入才能够形成的一笔财富，也可以将员工仅仅看成是实现最小化支出。对任何一个企业来说，建立积极正向的员工关系可以吸引且留住优良员工、提高员工生产力、增加员工对企业的忠诚度、提升工作士气、提升公司绩效、降低旷工和缺勤率。

6）公共关系

（1）概念界定

政府公共关系指的是政府作为行政主体，以特定的经济、政治条件和环境为依托，在维护社会利益和促进社会发展的前提下，为了塑造自身良好形象，并通过传播等活动协调与社会各方的关系，在公众中树立应有形象，提升政府公信力，得到公众对政府工作的支持，从而更好地进行国家和社会公共事务管理的活动。从动态上看，政府公共关系是政府与社会公众之间的双向传播沟通活动；从静态上看，政府公共关系是发生在政府与社会公众之间的一种信息交流、沟通与传播的行为状态（李秀忠，2006）。政府公共关系是政府机构协调政府与公众之间关系的科学手段；是依附和渗透在政府管理活动中的崭新理念；是现代政府自觉开展的一种行政活动，主要包括以下三要素：一是政府，作为公共关系的主体，其本质特征是公共性，而这种公共性表现为维护公共利益、维持公共秩序、代表公共意志；二是社会公众，为公共关系的客体，而公众利益是公共关系的出发点，是政府开展公共关系活动的依据；三是不断变化的媒介传播环境，是连接政府与公众的纽带，是树立政府在公众心目中良好形象的重要渠道。此外，政府公共关系结合理论研究和实践，可以分为有效政府公共关系和无效政府公共关系，二者的根本区别在于能否维护和增强政府权力和治理的合法性（陈永杰，谢昕，2013）。而政府能否把握公共关系的实质，构建有效的政府公共关系来争取公众的理解信任和支持，实现政府与公众的有效互动和合作，是对政府管理能力的严峻考验。

（2）主要内容

有效的政府公共关系能够增强政府公信力，提高政府工作的效率和治理效能，维护社会的稳定。如何提升政府公共关系的能力，增强政府与社会公众之间的双向沟通是亟待解决的问题。整体上，政府应从完善制度建设、增强意识和业务能力、建立常态化机制三个方面提升政府公共关系的能力。

　　第一，要完善政府公共关系的制度体系和相关配套措施。目前，我国已经出台了《中华人民共和国政府信息公开条例》，提出"各级人民政府及县级以上人民政府部门应当建立健全本行政机关的政府信息公开工作制度，并指定机构（以下统称政府信息公开工作机构）负责本行政机关政府信息公开的日常工作。"但是关于政府公共关系相关活动的基本准则、程序规定等尚欠缺。应建立健全系统性的政府公共关系相关的法律法规，一方面可以为政府公共关系活动的开展提供一种参考标准，另一方面可以为政府公共关系相关工作提供有力的制度保障，提高政府公共关系水平。

　　第二，提高政府公共关系意识和业务能力。首先，政府公共关系作为重要且比较复杂的政府职能和构建和谐社会的重要手段，各级政府和工作人员要转变观念。需要注意的是，政府公共关系不是简单的宣传工作，也不单单是政府公共关系部门的事，要让大家对公共关系的重要性有深刻的认识，树立全员公共关系意识，只有公共关系意识明确，才能提高政府公共关系行动水平。其次，要提高相关人员的业务能力。一方面，要提高政府公共关系相关人员的理论知识水平，只有掌握正确的理论知识，才能正确指导政府公共关系活动。可以提高选拔标准，注重对公共关系知识的考察。另一方面，要对政府工作人员进行公共关系方面的系统性的培训，可以通过会议、开办培训班、交流等方式对此方面的内容进行强化，从而提高政府工作人员的业务能力。

　　第三，建立政府公共关系常态化机制并设立公共关系部门。首先，政府公共关系是一项政府与社会公众相互沟通、协调的长期工作，因此，建立公共关系常态化机制是推动我国常态公共关系的关键，要以积极主动的姿态为人民服务，以日常扎实的工作来减少各个方面带来的危机，维护社会的稳定，实现政府与公众关系建设的良性循环和发展。此外，为了实现政府公共关系常态化，要设立专门的公共关系机构。目前我国部分政府机关没有设立专门的公共关系机构，那么便存在着职能交叉和职能真空等问题，很难系统地维系政府的常态公共关系的需要，随着新时代政府治理体系和治理能力现代化以及政府公共关系职能的升级，为了保证政府公共关系这一职能充分发挥作用，应在各级政府机关中设置专门的、综合性的政府公共关系部门，制定本级政府公共关系的基本原则和工作方针，统筹和领导各承担相应政府公共关系职能的部门工作，代表本级政府开展常态公共关系工作。具体地，在舆情管理、新闻宣传、信息公开以及应急管理方面要采取积极有效的措施，以达到提高政府公信力的目的。

　　① 舆情管理要与大数据技术相结合。党的十六届四中全会提出"坚持宣传舆论工作的正确导向，提高引导舆论的本领，掌握舆论工作的主动权，增强舆论宣传的吸引力、感染力"。为了维护社会的稳定，预防和解决社会矛盾，"一方面，要建立社会舆情汇集和分析机制，畅通社情民意反映渠道，使人民群众的意

见能够充分表达出来，以便能够依法及时合理地解决群众反映的问题；另一方面，要针对各种因素对社会稳定的影响，建立健全社会预警体系，形成统一指挥、功能齐全、反应灵敏、运转高效的应急机制，提高保障公共安全和处置突发事件的能力"。此外，党的十九大报告中要求"创新监管方式，增强政府公信力和执行力，建设人民满意的服务型政府"。2016年8月国务院颁布的《关于在政务公开工作中进一步做好政务舆情回应的通知》对舆情管理工作做出了进一步部署安排。舆情管理能力体现政府的公信力和执政能力，直接影响着突发事件的处理进度和效果（孔建华，2019）。随着信息技术的飞速发展，大量信息在短时间内在社会中多次传播，监管难度上升，对此，应借助互联网信息处理技术为政府收集网络舆情信息，同时利用大数据技术建立网络舆情监管和预警机制，对各个地区的舆情进行监管，同时借助大数据分析方法对舆情进行分析，判断舆情是否有转化为危机的趋势，对严重的舆情进行上级汇报并拟订解决方案（于海婷，2019）。此外，政府也要处理舆情的回应问题，及时了解社会公众的诉求，并对此做出及时准确的回应，引导网络舆情向良好的方向发展。最后建立舆情管理数据库，以备不时之需。

② 新闻宣传要采取多元化渠道。党的十六届四中全会强调，"高度重视互联网等新型传媒对社会舆论的影响，加强互联网管理体制和网上宣传队伍建设，形成网上正面舆论的强势"。传播是连接政府与公众的纽带，是树立政府在公众中良好形象的重要渠道，要完善政府与公众的媒体沟通渠道。首先，新闻宣传要确保权威性，遏制网络舆论的传播，对社会舆论进行正确引导；其次，政府要主动加强与媒体的合作，充分利用新媒体的传播优势，利用政务微博、政务微信公众号等多种有影响力的新媒体平台作为政府声音和形象的输出渠道，主动向社会公众发布准确的消息，达到政府公共关系优化的效果。

③ 信息公开要建立及时公开的常态化机制。中共十七大报告提出"保障人民的知情权、参与权、表达权、监督权"，2007年出台的《中华人民共和国政府信息公开条例》为了"提高政府工作的透明度，建设法治政府"，要求各地方政府建立健全信息公开制度。此外，国务院《2015年政府信息公开工作要点》中要求"推进重点领域信息公开，加强信息发布、解读和回应工作，强化制度机制和平台建设，不断增强政府信息公开实效，进一步提高政府公信力，使政府信息公开工作更好地服务于经济社会发展，促进法治政府、创新政府、廉洁政府和服务型政府建设"。为了推进公众参与行政决策，各级政府应建立信息公开长效机制，建立政府信息公开平台，及时、全面、准确地向社会公众传递政务信息，注重公开的精细化及公开实效，充分发挥政府信息的价值（王敬波，李帅，2017）。

④ 应急管理要健全防范化解风险机制。2006年1月8日国务院颁布的《国家

突发公共事件总体应急预案》首次明确要求建立应急预案体系。党的十六届三中全会通过的《中共中央关于完善社会主义市场经济体制若干问题的决定》提出"要建立健全各种预警和应急机制，提高政府应对突发事件和风险的能力。"在2019年的中央政治局第十九次集体学习应急管理体系和能力建设中，习近平总书记强调："应急管理是国家治理体系和治理能力的重要组成部分……要发挥我国应急管理体系的特色和优势，借鉴国外应急管理有益做法，积极推进我国应急管理体系和能力现代化。"为了及时防范化解重大风险，首先，"要加强风险评估和监测预警"，专用大数据采集信息，建立数据共享（马奔，毛庆铎，2015），坚持从源头上防范化解重大安全风险，同时"要加强应急预案管理，健全应急预案体系，落实各环节责任和措施"，提高应急管理的效率效果。其次，在资源需求急增的情况下，政府应对社会资源进行高效配置，同时协调部门间的行动，提高反应速度，及时地控制突发事件（张维平，2012）。

4.2.5　业务活动（经济）

经济活动包括财政资金分配使用、国有资产监管、政府采购、政府投资建设项目和公共资源交易五项活动。

1）财政资金分配使用

（1）概念界定

财政资金分配是国家为实现其职能，凭借政治权力对国民收入中的剩余产品进行的分配，是财政资金筹集、分拨和使用过程的总称。这三个过程在实践中先后继起而又同时并存，具体表现为一定的收支形式。财政资金分配的目的是保证国家实现其职能的需要，这种需要属于社会公共需要。所谓社会公共需要，是指向社会提供公共安全、秩序、公民基本权利和经济发展的社会条件等方面的需要。

（2）主要内容

财政资金分配过程以财政支出形式表现出来。其可划分为拨款、贷款、补贴和税式支出四种形式。其中：一是拨款，是财政资金支出的主要形式，指把财政收入按预算规定的款额、用途和程序无偿地拨付给使用单位。二是贷款，是指将财政收入以信用原则供给有关需要单位使用。三是补贴，是国家为了实现特定的经济和社会目的，对经济组织或个人给予财政援助的一种支出形式。四是税式支出，是指国家为了实施一定的财政政策和税收政策，对单位或个人进行的减免税。财政资金分配使用全面制约国民收入分配活动。社会主义国民收入的分配，主要是通过财政、工资、价格、银行信贷等分配形式实现的，由于财政资金分配处于枢纽地位，各项分配无一不受财政资金分配的影响和制约。主要表现在：

制约工资分配。在社会主义条件下，工资分配量的大小，归根结底取决于财政的积累与消费政策，取决于国家从企业收取多少纯收入。财政既不能无限制地增加企业负担，从企业收取过多，也不能无限制地向企业让利，否则就会超越财政承受能力，无法满足国家实现职能的基本需要，给社会经济发展带来损害。

制约价格。财政发生赤字会引起物价上涨，财政支出结构与社会商品结构不相适应也会引起物价波动。财政政策则更直接地影响物价。

平衡状况。财政信用与银行信用，是社会主义国家有计划地筹集和供应资金的两条基本渠道，两者紧密相关。财政性存款是银行信贷资金的重要来源，财政收支状况直接影响银行信贷资金来源状况，而且财政收支的政策取向，特别是有关企业分配政策的变动，都会影响银行信贷资金来源及需求的变化。

2）国有资产监管

（1）概念界定

国有资产有广义和狭义两个概念。从广义上来讲，国有资产是指国家所拥有的一切财产和财产权利的总称，包括：国家的土地、森林、河流、海洋、矿藏等自然资源，以拨款形成的行政事业单位非经营性资产，以投资形式形成的企业经营性资产等。从狭义上来讲，国有资产是指法律上确定为国家所有，并能为国家直接提供经济收益的各种经济资源的总和，即经营性国有资产，是国家作为出资者在企业中依法拥有的资本及其权益。其包括：①国有资源中投入生产经营过程的部分，②行政事业单位占有且获取利润的"非转经"资产；③企业国有资产。

按照市场经济的理论，只有作为生产要素、投入生产经营活动、具有增值要求的财产才能称为"资产"，它不同于"财产"。因此本书所研究的国有资产，仅指全面满足以上三个条件的国有财产，也就是笔者常说的经营性国有资产，是国家为了经营性目的而投入到生产和流通领域的、能为国家直接提供经济收益的各种经济资源的总和，其基本特点是运动性与增值性（樊继达，2006）。

（2）主要内容

加强资产出资管理，推动出资和监管权力分离。国资委具有两重身份，它既是国有企业的监督管理者，拥有公法意义上的权利，又作为出资人对所出资企业进行监督管理，拥有私法意义上的权利。这种双重身份造成了国资委"既是裁判员，又是运动员，还是规则制定者"。国资委一方面要使国有资产充分发挥作用，创造更多的利润；另一方面也要保护已经纳入其所辖范围内的国有资产权利。然而对国有资产权利的过度看重将会导致将保障国有资产保值增值作为"工作准则"，忽略对国家宏观、社会利益的考量（冯烨，董娟，2018）。

盘活存量、用好增量，合理配置国有资产。根据各个企业环境、背景和情况，采取不同的资产重组途径，例如，兼并收购式、强强联合式、分立重组式、无偿划拨式、转让出售式等。资产的流动与重组，以达到盘活资产存量为目的，并且要注意进一步加强投资结构调整以及外资的引导，按照以存量调整为主、增量调整为辅的原则，将二者结合，使得增量投入起到优化存量资产的作用（林自新，1998）。

明确资产配置和处置标准。由于国家对国有资产配置和处置行为的监督不力，各级部门对国有资产配置和处置的管理都存在着缺位；由于信息不对称现象的普遍存在，导致各个监督主体之间相互推卸责任。在资产配置方面，需要制定科学的配置标准，要根据各个部门性质和职能的不同，初步建立起相对统一的资产配置标准，然后细化出分行业的标准体系。对资产配置管理要数据化、精细化，根据办公家具、通信设备、公务用车等不同的资产类型分别制定标准。在资产处置方面，采用产权界定、产权登记等方式明晰资产产权关系，建立起以产权管理为基础的资产管理体制，并且规范资产处置和审批的流程，还可采用外部监督机制（蓝凤壮，2013）。

对国有资产使用、调剂、出租出借、对外投资等环节审核监督。国有资产的使用和调剂的制度以及流程规范是确保资产"保值"的重要基础，国有资产管理重点逐步从"保值"上升到"增值"，出租出借和对外投资都是其中重要的措施。出租出借目前主要采用公开招租的方式，这一方式对于小企业来说并不适用，建议增加委托中介机构代理招租、通过互联网发布招租公告等方式。至于出租出借收入，192号文第三十五条和《关于将按预算外资金管理的收入纳入预算管理的通知》（财预〔2010〕88号）第一款并不一致，导致收入是否留归本单位所有成为操作难题。另外资产对外投资存在管理制度不完善以及流程不规范的问题（王冬梅，2017；袁黎黎，2017）。

定期盘点国有资产。定期开展国有资产盘点，可以全面摸清家底，保证资产的完整性，增强使用单位的资产管理意识，并且在一定程度上合理优化资源配置。目前国有资产数量繁多，分布较广，盘点的手段应该得到升级和提升，可适当借助大数据和互联网解决资产盘点难题，更有效地防止国有资产流失（赵永亮，邢旭宁等，2019）

加强资产处置环节监督、处置平台建设和处置收益管理。要按照国家相关的法律法规对国有资产的处置进行监督，并结合各部门自身的发展特点，对资产处置管理流程进行规范。建立国有资产处置平台，将各部门之间的信息有机整合起来，建立畅通的国有资产处置沟通渠道，另一方面要加强资产处置过程中的财务管理，保证资产处置全过程有据可查，强化对资产收益的监督管理（张晋，

2019）。

完善资产评估机制与产权管理。资产评估是维护国有产权合法权益的重要手段。国有资产受到有形损耗和无形损耗的影响，需要通过资产评估来科学、合理、客观地反映国有资产价值，作为资产使用和处置过程中的重要依据，是规范资产处置和产权交易工作的有效保障，是实现国有闲置资产价值最大化，防止国有资产流失的一项重要工作（李明霞，2010）。

强化资产清查与统计报告管理。保证财政权责制全面发挥作用，让国有资产管理工作得以顺利落实，提升各部门运营效率，实现国有资产的科学分配。首先应该高度重视资产清查工作，从领导层级入手，贯彻资产清查管理理念。其次从审批体系和决策体系两个方面入手构建全面的资产管理体系，细化现有审批体系，把管理工作落实到各个环节中，安排专业人员发现问题、及时汇报给上级部门并进行处理。同时加大监管力度，保证监管部门的独立性和权威性（赵春彦，2019）。

构建资产使用绩效标准体系。绩效评价能够使得各部门了解资产的使用是否符合政策的目标和要求，将资产管理中存在的问题暴露出来，便于政府监管部门对症下药，及时改进下属单位的资产使用方法。依据绩效评价与预算管理相结合、全面考核与重点考核相结合的原则，在构建绩效指标体系时注意指标的多样化和层次化，将通用指标和分类指标有机统一，统筹考虑定量指标和定性指标、静态指标和动态指标。对不同性质指标赋予不同的衡量标准，有些指标是越大越好，有些指标是越小越好，然而也有些指标是越接近平均值越好（张菁菁，黄光，姚维保，2018）。

政府投资权益资产管理。政府投资形成的权益资产，管理上不同于有形资产，要更加关注该资产的价值。

3）政府采购

（1）概念界定

目前，我国学者对政府采购的定义并不统一，主要有以下几种概括性较强并且比较贴切的观点：一是《中华人民共和国政府采购法》（以下简称《政府采购法》）规定，政府采购是指"各级国家机关、事业单位和团体组织，使用财政性资金采购依法制定的集中采购目录以内的或者采购限额标准以上的货物、工程和服务的行为"；二是"公共部门利用财政资金取得货物、工程和服务的行为"（杨灿明，李景友，2004）；三是指"各级国家机关、使用财政性资金的事业单位和团体组织在财政监督下，以法定的方式、方法和程序，对货物、工程或服务的购买"（王文庚，2012）。综上所述，政府采购是指各级国家机关、事业单位和团体组织，使用财政性资金依法采购货物、工程和服务的行为。

政府采购制度是通过对政府采购行为进行约束和管理而形成的一整套规范和法则，具体表现在相关法律法规的制定和实施上。一般来说，政府采购制度包括以下内容：一是政府采购的相关政策，体现在政府采购的原则和目标上；二是政府采购的方式和程序；三是政府采购的组织管理，包括采购主体、供应商、中介组织等；四是对政府采购的质疑和救济制度。

通过以上分析可以看出政府采购的本质是一种采购行为，而政府采购制度是约束政府实施采购行为的一系列制度规范总称。政府采购应当以"公开透明、公平竞争、公正和诚实信用为原则"，以公开招标为主，以邀请招标、询价、单一来源采购和竞争性谈判等其他方式为辅的采购方式，按照规定的采购程序依法采购。

（2）主要内容

加强政府采购控制，落实资产管理工作基于内部审计视角，开展事业单位内部控制工作首先应当从梳理政策采购流程入手，在提出采购物品需求之后，应当制订完善的采购计划，结合采购物品的价格、种类等，在网络平台中选择适当的商品，并编制采购计划，经过审计人员的审批开展采购工作。

加强对经费支出流程付款的管理，保证选择的商品在预算限额内，根据事业单位的资产配置需求，购买适当数量的商品。从采购申请、审批、付款等环节入手，加大内部审计力度，能够有效避免流程风险的发生。

设置采购计划的审批权限，保证财务部门与综合部门能够互相管理与监督，保证采购决策的合理性，对单位的财政资金进行严格的管控。协调财务、资产管理等方面，根据基本要求上报政府采购情况，对需要的文件进行上传，树立正确的采购意识，促进后续经营活动的顺利开展（张满红，2019）。

按照国务院办公厅印发的《整合建立统一的公共资源交易平台工作方案》的要求，从推进政府采购资源整合方面入手，整合政府采购信息系统、场所和评审专家三方面的资源到公共资源交易中心，使政府采购活动达到规范化。健全政府采购工作机构，理顺管理体制，结合机构改革，统一集中采购机构单位性质，由政务服务机构统一管理。

做好政府采购预算编制，依法执行采购预算。政府采购预算是财政预算的重要组成部分，各部门在编制政府采购预算时，要有前瞻性、计划性，严格按照我国《预算法》《政府采购法》的有关要求，编制完整的年度采购预算，政府采购预算一经批准便要依法严格执行，以维护政府采购预算的严肃性。

强化政府采购的透明和监督。政府采购与以往的政府购买不同的是，它通过政府契约，即政府合同采购和管理政府所需的货物、服务、工程，而合同条款的倾向性可以改变相关行业、企业及其从业人员的经济社会状况。这种倾向性就体现了政府采购的政策目标，从供应链开始影响企业的生产经营活动，可以发挥政府采购资金的强大效力，实现影响经济的高杠杆倍增效应。这也要求将更加灵活、更有利于发挥政策作用的竞争性谈判作为主要采购方式。发挥政策作用，并非放弃节支、防腐。只要有充分竞争，节支就自然能够实现。而透明度和监督，可以最大限度地保证采购远离腐败。

政府采购活动必然会到涉及权力的行使，对此必须进行有效监管。政府采购制度作为一种规范政府采购行为的管理手段，本身应该是一种公开、透明的制度。政府采购监管是指对政府采购法律法规的执行、采购计划的编制、采购方式的实施、采购合同订立及其履行、采购资金的支付，以及采购效果评价等诸环节全方位与全过程进行的监控。

4）政府投资建设项目

（1）概念界定

政府投资建设项目（GIP）在政府投资中占有重要比重，且具有很重要的社会作用。GIP是指为适应和推动国民经济或区域经济发展，满足社会公众需求，独资或合资兴建的固定资产投资建设项目，借此实现社会利益的最大化。政府投资项目建设是满足公共需求，实现政府经济职能、公共管理职能的重要手段，投资项目涵盖了经济、教育、科技、文化、卫生、体育、环保、国防安全等重要领域，政府投资项目对我国经济繁荣、社会进步、公众福利发挥了重大作用（陈通等，2015）。

政府投资建设项目是指政府采用直接投资、资本金注入、投资补助、发行国债或利用国外贷款融资等方式投入资金新建或改建的建设项目。政府投资建设项目主要集中在关系国计民生、促进地区经济发展的基础设施领域，具有投资规模巨大、参建单位多、投资回收期长等特征（任旭，刘延平，2010）。

（2）主要内容

第一，投资建设项目决策管理。

由于政府投资的无偿性，即对资金管理者没有还本付息的压力，反而这种项目的实施能体现"政绩"，甚至有谋取个人经济利益的好处，因此很容易诱发申请项目建设的单位对有限的项目投资资金的争夺。负责资金分配的部门（如计委、财政等），在面临方方面面的要求和压力下，一般是采取平衡策略来分配资金以求照顾到各方面的利益。在这种背景下往往很难根据项目的轻重缓急分配资金，因此项目实施的决策管理是管控的重点。

第二，建立政府投资项目库，加强信息公开和共享。

保障公共权力执行效果最有效的方式就是权力运行全过程公开透明，从政府投资现状来看，无论是中央政府投资项目还是各地方政府投资项目，信息公开程度均较低。《政府投资条例》明确提出项目单位应当编制项目建议书、可行性研究报告、初步设计，按照政府投资管理权限和规定程序，报投资主管部门或者其他有关部门审批，投资主管部门之间应当建立项目信息共享机制，通过在线平台实现信息共享。

第三，全过程跟踪审计。

政府投资项目运行效率提升离不开对其全过程的监督，由国家审计部门组织的政府投资项目全过程跟踪审计是对政府资金运行情况进行监督的重要力量。项目全过程跟踪审计的目标是考查政府投资建设资金运用过程的经济性、效率性和效果性，以保障项目合法、合规实施，按时、高效、顺利完成，同时严格控制工程造价在设计概算范围内等，从而实现投资项目的效益最大化，并保护各方合法利益。政府投资项目全过程跟踪审计是一项结合事前预防、事中控制、事后总结的审计事项，既能为政府完善投资决策提供重要依据，也能规范投资项目管理，节约政府资金，提高资金的使用效益，从而提升项目运行效率。

第四，严格控制政府投资资金的预算约束，强化投资资金管理和监督。

其一，政府投资项目要严格按照《预算法》执行。由于政府投资项目一般都是耗时长、资金大、工程复杂的项目，因此，2018年新修订的《预算法》明确要求，政府投资项目要编制政府投资规划和资本预算，同时编制中长期规划和滚动规划。其中，政府投资规划应包括政府投资项目的总体资金规模、投资资金安排、重点内容、使用计划、主要措施、资金监督管理等内容；资本预算中要有详细的资本预算、各种资金投入来源、使用安排等。此外，政府投资项目资金的拨付和投入要与项目建设进度充分对接，资金拨付和投入要实行直拨制，避免资金投入使用中被转移、被闲置或不到位影响工程进度。项目建设单位也要加强资金使用管理，按月向主管部门报送资金使用情况等。其二，各地政府要严格执行《政府投资条例》中的概算约束。

各政府投资项目要科学编制项目概算计划，绘制详细的项目设计文件或图纸，细化资金使用功能等，同时对使用的主要材料进行市场调查。

通过规范的材料价格、材料性能和质量保证项目的性价比，合理确定投资。项目投资管理部门可借助中介机构或组织专业技术人员，根据项目建设单位的设计文件、资金使用功能、材料市场调查等，对项目概算进行审核，提高概算的科学性、严谨性和准确性，从源头上对政府投资资金进行控制，避免盲目投资以及工程烂尾、资金浪费现象发生，同时解绑地方财政。

第五，竣工验收。

竣工验收是政府投资项目全过程的最后一个程序，是全面考核建设成果的重要环节。它是保证政府投资项目质量、发挥政府投资项目效益的关键。但在实际情况中，政府投资项目的竣工验收要防止"走过场"，加强政府投资项目后评价，为政府投资政策、投资项目方向和过程管理提供依据。

5）公共资源交易

（1）概念界定

公共资源是具有公共性和公益性，并由政府或其授权的非营利性组织支配和控制的，国家日常运作和公众生产、生活与发展所需要的资源（陈川生等，2019）。从广义上看，公共资源大体上可以分为自然资源和行政资源。自然资源是非人为原因自然生成和存在的资源，是为人类提供生存、发展和享受的自然物质与自然条件；而行政资源，例如特许经营权、拍卖权、国有产权，是政府职能衍生出来的、必须依附于工程建设项目、政府采购等特定公共服务设施项目的资源和相关权益（卓越，陈招娣，2017）。《关于创新政府配置资源方式的指导意见》指出，在社会主义市场经济的条件下，公共资源是政府配置的资源，是政府代表国家和全民所拥有的自然资源、经济资源和社会事业资源等。国家发改委印发的《公共资源交易平台服务标准（试行）》（2019）规范了公共资源交易的定义：公共资源交易是指涉及公共利益、公众安全的具有公有性、公益性的资源交易活动。从政府职能定位来看，公共资源交易涉及三大政府基本职能领域：一是公共资源职能领域，包括土地资源、矿产资源、空气资源、水资源、森林资源、海洋资源等；二是公共服务职能领域，包括教育、医疗卫生、科技、环境保护、社会保障等；三是公共安全职能领域，包括国防安全、社会安全、食品安全、卫生安全、生产安全等。三个基本职能领域是相互影响、相互制约的关系：公共资源是公共经济活动最原始的物质基础，具有高度的经济依赖性，而公共经济活动也是发展公共安全和公共服务领域的基础。因此，公共资源交易对政府维护公共利益和公共安全、发展公共服务起到了基础性作用（卓越，陈招娣，2017）。

（2）主要内容

为更好地发挥在公共资源配置中的引导作用，政府应当在公共资源交易的决策管理、平台管理、信息公开和监督评价四个方面，整合共享资源、统一制度规则、创新体制机制，以信息化建设为支撑，加快构筑统一的公共资源交易平台体系，着力推进公共资源交易法治化、规范化、透明化，提高公共资源配置的效率和效益。公共资源交易的关键管控点主要为：

第一，决策管理。

议事决策机制：国家发展改革委要会同有关部门完善公共资源交易平台，整合工作部际联席会议机制，加强政策指导和工作协调。地方各级公共资源交易管理部门要贯彻落实中央和各级政府关于加强公共资源交易管理的方针、政策和法律法规，完善公共资源交易的议事决策机制。首先，完善公共资源交易监管重大事项决策的议事制度建设，明确对交易管理的体制机制改革、交易活动的技术标准和操作规程、交易平台的整合运行管理等工作的审议机制；其次，针对公共资源交易活动重要事项的审议和统筹协调制定科学有效的议事程序，明确各职能部门的岗位职责分工；最后，建立对公共资源交易管理工作的决议的执行监督机制，各级公共资源交易管理部门督促落实各职能部门按照法定职能分工组织实施决议规定的相关工作。

申请审核和审批机制：精简公共资源交易的申请审核和审批流程，有利于降低制度性交易成本，提高行政审批效率。优化申请审核和审批机制要重点关注以下方面：一是取消无法律法规依据的审批事项，例如投标报名、招标文件审查、原件核对等；二是推行行政审批告知承诺制，对能够通过事中事后监管纠正不符合审批条件的行为且不会产生严重后果的公共资源交易行政审批事项，审批部门可一次性告知其审批条件和需要提交的材料，申请方以书面形式承诺其符合审批条件并提交有关材料，即可办理相关审批事项；三是推广多业务合并"一表申请"，将交易市场主体基本信息材料一次收集、后续重复使用并及时更新；四是推行交易服务"一网通办"，制定公共资源交易服务事项网上审批流程。

公共资源评标专家和评审专家分类标准：各省级政府应完善公共资源评标专家和评审专家分类标准，按照全国统一的专业分类标准，整合本地区专家资源。首先，完善评标专家和评审专家管理办法，健全专家征集、培训、考核和清退机制；其次，建立专家资源及专家信用信息的互联共享机制，以实现专家在全国范围内远程异地评标评审；此外，还要完善公共资源交易电子招投标评审制度，实现专家电子化管理，建立公共资源评标专家和评审专家分类标准的嵌入机制，提高专家随机抽取的效率。

第二，平台管理。

建立统一的公共资源交易平台和电子交易公共服务系统：公共资源交易平台应当按照国家统一的技术标准和数据规范，建立公共资源交易电子服务系统，开放对接各类主体依法建设的公共资源电子交易系统和政府有关部门的电子监管系统。各级公共资源交易管理部门应当完善公共资源交易平台管理制度，建立公共资源交易平台跨行政区域自主选择和竞争协作机制。

登记和登记变更管理：对市场主体通过公共资源交易平台电子交易公共服务系统实现登记注册共享的信息，相应行政区域内有关行政监督部门和其他公共资源交易平台不得要求企业重复登记、备案和验证，逐步推进全国范围内共享互认。各级公共资源交易管理部门应当建立电子交易公共服务系统的登记注册共享机制，规范登记和登记变更管理。

确定公共资源交易平台服务内容、工作规范、收费标准和监督渠道：完善公共资源交易平台服务功能，公开服务流程、工作规范和监督渠道，整治各种乱收费行为，有助于切实降低市场主体交易成本。各级公共资源交易管理部门应当在公共资源交易平台管理制度中，明确平台服务的业务范围和收费标准，规范平台服务的流程管理要求，建立平台服务的质量监督反馈和投诉机制。

数据安全管理：公共资源交易平台应当建立健全网络信息安全制度，落实安全保护技术措施，根据国家信息安全标准加快构建公共资源交易信息安全防护体系，保障公共资源交易平台运行安全和数据安全。数据安全制度建设要重点关注以下方面：首先，明确数据安全管理的技术要求，建立交易信息的技术防护机制；其次，建立突发性事件应急处理预案，明确突发性情况的应对措施；最后，建立健全安全保卫制度，配备安全保卫人员，定期进行安全检查。

档案管理：交易服务过程中产生的电子文档、纸质资料以及音视频等，应当按照规定的期限归档保存。各级公共资源交易管理部门应当针对资料归档、档案查询、档案移交等方面，建立健全公共资源交易档案管理制度，确保档案的保密性、完整性。此外，鼓励推进交易资料电子化归档，既有效降低交易平台制度性办公成本，又便于资料的存档、维护和调取。

第三，信息公开。

公共资源交易信息和信用信息公开共享制度：公共资源交易平台应当将公共资源交易公告、资格审查结果、交易过程信息、专家信用信息、成交信息、履约信息等，通过公共资源交易电子服务系统依法及时向社会公开。各级公共资源交易管理部门应当建立公共资源交易信息和信用信息公开共享制度，交易平台依托统一的社会信用代码，通过国家公共资源交易电子服务系统实现交易信息和信用信息交换共享和动态更新。

市场主体、中介机构和交易过程信息的全面记录，实时交互：公共资源交易平台智慧监管模式依托电子系统及时在线下达指令，实现市场主体、中介机构和交易过程信息全面记录、实时交互，确保交易记录来源可溯、去向可查、监督留痕、责任可究。各级公共资源交易管理部门应当在公共资源交易平台电子服务系统中设置交易信息管理模块记录市场主体、中介机构和交易过程信息并建立各模块间的有效衔接。

政务公开标准目录制定：针对国家发展改革委办公厅印发的《公共资源交易领域基层政务公开标准指引》，各级公共资源交易管理部门要在全面梳理、摸清实际的基础上，制定出台或修订完善本地区公共资源交易领域政府信息主动公开目录，明确各公开事项的公开内容、公开依据、公开时限、公开主体、公开对象、公开方式以及公开渠道和载体，在公共资源交易平台网站、场所显著位置予以公示，并实行动态调整。

成果验收及资金拨付管理：公共资源交易的归口管理部门应当本着管办分离的原则，建立对交易成果验收和资金拨付相互制约的内部监管工作协调机制，由财政部门负责交易资金拨付管理，协同交易中心和使用单位共同签订合同；交易中心负责交易计划的制订和具体实施，协同使用单位验收交易成果；纪检、审计部门对整个交易过程的每一环节进行监管。

市场主体和第三方评议机制：各级公共资源交易平台应当建立市场主体以及第三方参与的社会评价机制，对平台提供公共服务情况进行考核评价。一方面规范具体评价内容和评价程序，另一方面建立健全统计分析和结果反馈机制。

公开事项审查、发布、反馈机制：各级公共资源交易平台整合牵头部门要会同有关部门，充分发挥指导、监督、评估等作用，完善政务公开工作制度，明确公开事项的审查、发布、反馈机制，狠抓督促落实，加强协调配合，实现公共资源交易领域政务信息发布、解读、回应等工作的有序衔接。

投诉举报接收、转办、反馈工作机制：各级公共资源交易监督管理部门要加强社会监督，公布投诉方式（匿名举报箱、网上举报专栏、投诉电话等），拓宽监督渠道，建立公共资源交易投诉举报的接收、转办、处理、反馈工作机制，及时受理公共资源交易平台交易活动中的投诉举报和平台服务机构违法违规行为。

交易各方、行为和过程的动态监督和预警：各级公共资源交易监督管理部门应当运用大数据技术，通过数据清洗、数据离散化等数据处理，建立公共资源交易数据关联比对分析机制，对交易各方行为的隐性特征和交易过程的潜在关系开展监测预警，定期进行效果评估，及时调整监管重点。

工作人员监督、考核、评价管理：各级公共资源交易管理部门要充分发挥行业组织作用，建立公共资源交易平台服务机构和人员自律机制。建立公共资源交易平台工作人员绩效考评制度，明确考评组织结构，细化考评内容和计分方法，完善考核评价程序，并建立考评结果运行机制。

4.2.6 信息系统

1）概念界定

内部控制信息系统是通过先进的网络技术、软件设备将内部控制管理流程化、系统化，从而降低管理成本，提高管理效率的内部控制体系。通过信息化管理，政府工作可以在阳光下运行，增强了政府工作的"透明度"。在实际实践中，我国行政事业单位内部控制信息化建设主要由内部控制环境信息化、系统架构的平台化和集成化、发展风险评估分析智能化，以及内部控制监督信息化组成。

在内部控制信息系统设计和运行中，通过不相容岗位相互分离、内部授权审批控制、归口管理、预算控制、财产保护控制、会计控制、单据控制以及信息内部公开等控制方法，对预算管理、采购管理、收支管理、资产管理、合同管理、基建管理等业务活动存在的风险进行防范、控制，实现单位内部控制的目标。内部控制信息系统可以使各业务模块之间相互关联、信息共享、高效运行，可有效提高单位的整体管理水平。

政府内部控制信息系统将政府嵌入财政全预算控制管理体系，通过大数据技术应用可以实现预算、执行、监督的地方政府内部控制流程体系构造和透明性监督。而大数据信息兴起于互联网高度发展时代，各种经济主体与个体在互联网中交流信息，并客观地记录保存数据信息，会成为研究政府经济活动与内部控制流程规范的宝贵数据资源。

结合当下实际情况，政府内部控制建设应实现以下两个目标：第一，内控建设完成的最佳状态是依托于信息系统平台建设，利用当下大数据、智能化和信息化的发展趋势，将内控标准体系内置于信息系统中，以降低人为操作的失误率。第二，在公共风险的外部冲击影响下（如疫情冲击），政府内控信息系统应将如何应对重大公共风险事件的冲击考虑在内。

2）主要内容

第一，总体要求。

政府内部控制建设要求实现"管理制度化、制度流程化、流程岗位化、岗位职责化、职责表单化、表单信息化和信息系统化"。

第二，四个功能。

政府应当充分运用现代科学技术手段强化内部控制管理，将经济活动、业务活动和内部权力运行活动控制流程嵌入信息系统中，结合组织架构、业务过程、技术能力等因素，设计信息系统建设总体规划，建立权力运行全方位、业务操作全流程、经济活动全覆盖的内部控制信息系统管理体系。该信息系统主要有四个功能，包括制度规范管理、流程规范管控、风险监测预警与绩效评价和监督。其中制度规范管理属于事前控制，流程规范管控和风险监测预警属于事中控制，绩效评价和监督属于事后控制。

第三，系统覆盖情况和适用性。

内部控制信息系统建设是各项管理制度有效实施的重要抓手，也是常态化管控的关键。党的十九大报告提出要善于运用现代信息技术和互联网手段，但内部控制信息系统建设进度离信息化建设要求尚有一定空间。一方面，建立内部控制信息系统的单位依然不够多，并且从业务覆盖情况来看，内部控制管理信息系统功能涉及的业务范围、岗位较少，其业务控制以及流程的覆盖不能满足内部控制建设的需要。另一方面，各单位内部控制信息系统的改造升级情况有待加强，目前大部分单位未能按照制度的更新对信息系统进行相应的改造升级，所以要增强信息系统的适用性。

第四，系统互联互通。

内部控制信息系统相互衔接的业务模块设计最终要通过信息互联互通来实现大数据管理，形成预算、绩效、收支、采购、资产、基建和合同的互联互通数据网络，再结合政府会计核算模块，实现政府财政管理和单位财务管理一体化。但从全国范围看，现阶段各单位信息化建设的模块覆盖广度和数据平台开发应用深度仍亟须提高。一方面，大部分单位虽然已进行部分业务活动模块的内部控制信息化建设，但是仍无法完全打破部门权力藩篱，信息关联和模块协同不够强。另一方面，大数据平台是单位内部控制信息化建设的未来趋势，但现阶段可以自动报送财政数据的单位内部大数据平台建设情况有待持续推进，少部分单位已建立大数据平台或对大数据平台建立有所规划，内部控制信息系统大数据平台建设仍任重而道远。

第五，信息技术应用。

信息技术手段是确保内部控制实施落地的重要保障。信息处理技术应该与政府治理的组织信息结构趋向一致，以信息技术进步为推动力，及时协同各部门的信息融合，将不可见问题显性化，创造新的知识体系。信息融合、数据与信息服务的能力将推动地方财政治理结构与内部控制呈现动态变化，为深度挖掘地方政府运行规律提供技术保障。

从政府的发展来看，技术变革既可以带来治理手段的创新，也可以推动治理机制的创新，最终变革和创新政府治理模式。在大数据时代，要着力培育全面、系统的大数据意识，运用大数据的治理属性，推动传统政府的治理变革，重塑政府形态和治理模式，以适应和满足大数据时代的公共治理和公共服务的需求，从而实现政府治理现代化。

各单位开展内部控制建设应充分认识到信息系统建设的重要性，行政事业单位内部控制的运行评价势必将重点转移到制度建立后的系统运行方面，强化制度有效落地和实施效率。一方面，要不断扩大信息技术在单位内部管理方面的应用，逐步构建全面覆盖预算、收支、采购、合同、基建、资产等业务的内部控制信息系统；另一方面，要加强各业务模块信息平台的系统性建设，确保各业务模块之间有序衔接，契合单位内部运行机理并有效嵌入内部控制原理及方法，确保内部控制信息系统运行科学、安全和高效。

4.2.7　评价监督

1）评价指标

（1）概念界定

评价指标是指对内部控制运行情况开展评价的一系列指标体系。

（2）主要内容

政府应当建立科学、合理的评价指标体系，定期对内部控制的建立和实施情况进行自我评价。

补充说明：内控考核评价指标体系是内控标准体系的一种表现形式。内控建设可以坚持结果导向，但在建设之前应有一套建设的标准，在建设过程中或完成后对内控进行考核评价，内控考核评价的指标体系也应参考内控建设标准而定，因此，内控标准体系是前置的并且是重要的。

2）监督主体

（1）概念界定

监督主体是指对单位内部控制运行情况进行监督的主体有哪些。

（2）主要内容

① 政府应当建立健全内部监督机制，指定部门负责内部控制的有效监督和评价工作，明确各相关部门和岗位在内部监督中的职责权限，规定内部监督的程序和要求。同时，内部监督部门应当与内部控制的建立和实施部门保持相对独立。

② 财政部门及其派出机构和地方各级人民政府财政部门负责对本级政府内部控制的建立和实施情况进行监督检查，有针对性地提出检查意见和建议，并督促整改。同时，财政部门专职监督机构应切实加强对自身内部控制建设工作的监督检查，有针对、有重点地围绕内部权力运行活动展开内部控制监督工作。上级政府有权对下级政府的内部控制建立和实施情况进行监督检查。

③ 国家审计部门及其派出机构和乡级以上地方各级人民政府审计部门负责对本级政府内部控制建立和实施情况进行审计。

3）监督内容

（1）概念界定

监督内容是单位内部或外部对单位实行监督的主要内容。

（2）主要内容

① 内部控制建设与执行情况。

② 评价结果落实情况后续跟踪。

③ 建立奖惩制度：对于在接受上级政府或国家审计部门（含外部审计部门）监督检查或审计过程中发现以往存在内部控制缺陷问题且未及时整改的部门，应给予相应惩罚，同时加大下一年度对该部门的审查力度。对于在监督检查或审计过程中内部控制执行到位的部门，应当采取简化其预算审批流程等措施以示激励。

④ 建立领导干部问责制度。

4）监督手段

（1）概念界定

监督手段是指用来实施内部控制运行监督的方法和手段。

（2）主要内容

① 政府内部监督部门应当对本级政府内部控制建立与实施情况进行内部监督检查和自我评价，并对内部控制自我评价报告内容的真实性和完整性负责。通过日常监督和专项审计，检查内部控制实施过程中存在的突出问题、管理漏洞和薄弱环节，进一步改进和加强政府内部控制。同时，内部监督部门应当定期或不定期检查内部管理制度和机制的建立与执行情况，及时发现内部控制存在的问题并提出改进建议。

② 外部审计部门应当将内部控制建立和执行情况作为审计重点，通过独立、客观的监督、评价和建议，揭示存在的内部控制缺陷，并督促整改落实。

5 政府内部控制实施机制

政府内部控制标准体系已从理论上初步构建完成，未来重点将转向标准付诸实施并以实践检验标准的阶段，此时明确政府内部控制实施机制就显得尤为重要。所谓实施机制，是指某一事项实施的程序和过程，即制度内部各要素之间彼此依存，有机结合和自动调节所形成的内在关联和运行方式。故政府内部控制实施机制，是指政府内部控制标准体系在各级政府、部门和单位得到贯彻、落实和有序运行的一种保障机制，包括一系列整体部署和安排、组织机制设置、政策制度供给、推动实施路径、配套机制建设以及宣传培训等相关内容。

基于政府内部控制标准体系及其理论阐述，结合行政事业单位内部控制建设实践，本部分将对政府内部控制标准的实施策略及具体建设步骤进行阐述，以期科学高效落实政府内部控制标准体系，形成一幅推动实施政府内部控制的全景图。

5.1 政府内部控制实施机制的总体思路

所谓政府内部控制标准的实施路径，是指将政府内部控制标准推广并付诸实施的方式和途径。政府内部控制标准在实施过程中，应遵循风险评估、制度构建和系统建设的主要步骤，具体可通过以下路径实现：

5.1.1 以落实政府职能事权划分和工作规划为导向

政府内部控制标准的落实应坚持党的领导，以政府职能事权划分和政府工作规划为导向，严格在工作规划框架范围内安排各项财政事权活动和非财政事权活动，实现有效约束财政事权与非财政事权，并做好事权的划分工作，以此展开政府工作规划立项实施。具体而言，政府及其组成部门依据机构改革三定方案对政府职能进行动态优化，进一步界定社会履职等公共事权，这既是政府内部控制标准实施的阶段性目标体现，也是政府内部控制标准切实有效实施的基础。在科学划分公共事权的过程中，政府内部控制应当起到科学性、制衡性等作用；在公共事权界定清楚时，政府内部控制应当以此划分为依据，进一步提高政府工作规划的决策的科学性及效率和效益性；依据政府工作规划，在实施政府事权的立项执行过程中，政府内部控制标准的落实尤为关键，应当对事权立项、执行的风险进行有效控制，提高执行结果对政府工作规划目标的实现程度。

5.1.2 以强化政府预算管理和实施绩效管理为主线

政府内部控制标准的落实应以财政预算管理的经济活动为主线，在匹配财政事权与财政支出责任的基础上，进一步对非财政事权提供支撑，有效促进政府履职，并有效落实全面实施绩效管理的相关要求。以政府预算管理和实施绩效管理为主线意味着，政府预算和绩效管理应贯穿财政资金分配使用、国有资产监管、政府投资、政府购买、公共资源交易、公共工程建设等各项经济领域，不限于政府部门和单位的经济业务，并对党政活动等非经济业务进行成本核算和绩效评估。对于经济活动应当保障其立项的可行性、合理性，预算指标的科学性，绩效目标的规范性等；应当重点监控活动执行过程，确保执行进度和执行方向与规划时间和绩效目标相一致；应当客观评价活动执行结果的成本、效益及群众满意度。对于非经济活动，主要指与财政资金没有直接关系的相关活动，应当对设施物品消耗、人员费用等实施预算成本控制和服务对象满意度评估。其中，对政府部门和单位的六大基本业务以外的经济活动以及非经济活动进行内部控制标准设定和实施，既是政府部门和单位愈发强烈的内生需求，也是专家和中介机构逐步为此类建设提供制度依据和指引的发展必然，更是政府内部控制规范建设的迫切要求。

5.1.3 以规范财政资金、国有资产和公共资源为核心

财政资金、国有资产、公共资源管控程度决定了政府工作规划制定的合理性，也决定了年度工作是否实现有效、规范运转并实现各年度之间的合理衔接，因此政府内部控制标准的落实应当以管控财政资金、国有资产和公共资源为核心。所谓以三者为核心，是指在政府内部控制标准实施过程中，应当与标准制定时一致，即均以管控财政资金的收支，国有资产形成、收益、处置，公共资源交易等内容为重点，以确保政府各项财政事权和非财政事权低成本、高效率地落实。

（1）财政资金是指以年度财政收支的形式存在的，对年度单位收支的规模和结构进行预计和测算的财政预算和部门预算。政府内部控制应当加强对预算资金、非税收入、财政专项资金及地方政府债务的分配与使用监管。（2）国有资产是指由政府及其组成部门中的行政事业单位占有、使用，在法律上确认为国家所有、能以货币计量的经济资源的总称，即政府的国有（公共）财产。政府内部控制应当加强对资产使用、资产评估、资产产权登记、资产统计报告及资产绩效评价等环节的审核监督和指导工作。（3）公共资源是具有公共性和公益性，并由政府或其授权的公益组织支配和控制的，为国家日常运作和公众生产、生活与发展

所需要的资源。公共资源交易是指涉及公共利益、公众安全的，具有公有性、公益性的资源交易活动。政府内部控制应当加强对公共资源交易决策、执行、管理、服务、结果五个主要环节的监督审核。

财政部《2018年全国行政事业单位内部控制建设分析报告》显示，在取得成绩的同时，全国行政事业单位预算执行分析的频率较低，难以实现对预算资金的全过程监控；非税收入上缴小于应上缴数的情况依然存在，电子化管理工作有待进一步强化；支出超预算的情况依然存在，说明资金支出管控规范化尚未完全实现；尽管采购合同管理情况较好，但是采购合同的预算资金支出执行情况不容乐观；仍有部分单位国有资产管理情况较差，资产处置审批的执行力度不够；建设项目计划完成情况也不容乐观，全国仍有较多单位概算及决算的差距过大，导致年度实际投资额与年度投资计划偏离严重。以规范财政资金、国有资产和公共资源为核心，将不仅有利于政府内部控制水平的提高，也有利于政府资金、资产甚至公共资源的保值增值，更有利于提升政府行政运行和业务履职的整体效率。

5.1.4　以有效搭建大数据平台和信息系统作为保障

对于风险防控而言，向来是"人控不如制度控""制度控不如机器控"，随着时代的发展，越来越多的政府部门和单位意识到提高信息化水平能够极大地提高工作效率和治理水平。因此，政府内部控制标准的有效落实需要以完善的政务信息系统为依托，需要运用信息技术来强化制度执行效率。完善的政务信息系统不仅应当包括财政资金分配使用、国有资产监管、政府投资、政府采购、公共资源交易、公共工程建设等各项经济领域（含预算、收支、采购、合同、资产、建设项目六项基本经济活动和发展规划、科研活动、国有资本经营管理、各类基金业务等其他经济活动）和党政活动等非经济活动的独立业务系统，还应当实现各类信息系统之间的模块衔接和数据共享，解决信息孤岛问题，提高信息传递效率。

党的十九大报告提出要善于运用现代信息技术和互联网手段。内部控制信息系统建设是各项管理制度有效实施的重要抓手，也是常态化管控的关键。而财政部《2017年全国行政事业单位内部控制建设分析报告》显示，总体而言，全国内部控制建设进度相对滞后于内部控制建设要求，尤其是在内部控制信息系统建设方面。在六项基本经济活动中，建设项目管理和合同管理的信息化建设比率最低，其他业务系统也大多是财政部门要求安装的财政管理系统，建立内部控制管理系统的单位依然不多，在整合财政现有系统和共享数据的基础之上，应根据单位内部实际需要加强信息化建设。

5.2 政府内部控制实施机制的具体内容

政府内部控制实施机制是保障政府内部控制标准推广并付诸实施的系统性机制。本部分将重点从国家层面、部门层面、财政层面、单位层面、中介机构层面、社会公众层面五个维度论述标准的具体实施落地机制（如图5-1所示），以期为标准的实际应用形成科学、全面、有针对性的政策建议。

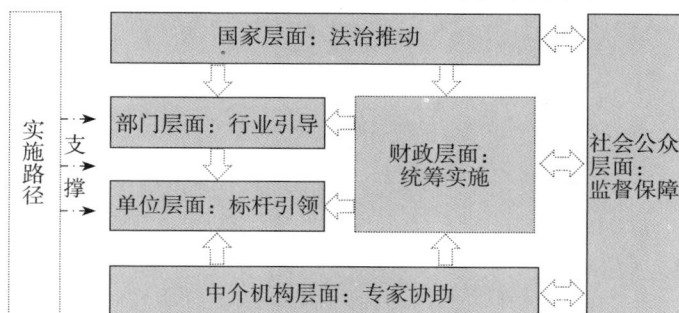

图5-1　政府内部控制实施机制构建逻辑

5.2.1 国家立法层面——推动政府内部控制标准的法治建设

在现代国家，法治是国家治理的基本方式，是国家治理现代化的重要标志，国家治理法治化是国家治理现代化的必由之路（张文显，2014）。内部控制是实现政府治理的重要保障机制，而政府治理又是国家治理的重要组成部分，故内部控制法治化是国家治理法治化的基础之一，是实现国家治理现代化的重要途径。

杨纪琬先生在临终前预言：在全球信息化和知识经济社会，"会计学作为一门独立的学科将逐步向边缘学科转化。会计学作为管理学的分支，其内容将不断地扩大、延伸，其独立性相对地缩小，而更体现出它与其他经济管理学科相互依赖、相互渗透、相互支持、相互影响、相互制约的关系。"内部控制也一样，它作为主体（政府、部门、单位或处室等）"系统化""精细化"的管理手段，应用场景非常广泛。其不仅是部门和单位的某一项财务活动，而且是一项逐步融入财政和政府中心的工作，这也是逐步推动政府内部控制落地的发展契机。

一直以来，由于学科和专业限制以及我国行政管理水平和单位管理能力相对不足，单位对于内部控制理念、方法的运用停留在相对较低级的阶段。伴随着新公共管理运动持续深入，在企业管理中得到充分验证的先进管理方法越来越多地被引入政府治理和内部控制中。加之互联网、大数据和人工智能的普及应用，财政管理的各个领域乃至国家各个行业和部门管理的规范化、系统化和精细化程度显著提升，对内部控制的理解、认知和需求也同步加深，甚至有些部门已经自觉运用内部控制的逻辑开展工作。在此背景下，以国家为主体来推动政府内部控制标准的法治建设就显得十分必要。这对于推动"财政主导"的狭义内部控制转变为"政府层次"乃至"国家层面"的广义内部控制定位具有关键性作用；对于理顺各级政府之间、同级政府中各个政府部门之间、政府部门中单位之间的治理关系与治理机制具有重要意义。

在政府内部控制法治化建设上，包括政府内部法治和政府与社会公众共同法治两方面。法治的最终目标是"良法善治"。其强调善良规则之治，要求政府和社会都要做到有法可依和有法必依，且所依之法是"良法"；善治的本质是政府与社会、市场、公民等多元主体对公共事务的合作治理，是政民共治的互促互进关系（石佑启，杨治坤，2018）。因此，政府内部控制法治化建设需要国家（或政府）出台内部控制的"良法"并实现与社会公众的"善治"。具体包括，将内部控制概念由企业转向政府，并由财务领域转向界定为政府整体层次；将政府内部控制功能定位为实现政府治理现代化和国家治理现代化的必要措施；将政府内部控制目标界定为防范化解各领域重大（公共）风险（可通过制衡人员不规范行为、监控低效率事项、控制风险传导共振来实现）；将内部控制（或政府）纳入预算法、国有资产（资源）管理法、政府投资法、政府采购法等相关法律，或制定出台单独的"政府内部控制条例"，或将其纳入党中央战略规划和决策部署中；在政府内部控制实施过程中，强调纳入社会公众参与，用于完善政府内部控制标准和实施机制，监督内部控制实践；最后，建议形成《政府内部控制报告》（含中央政府、地方政府及政府部门、单位的内部控制报告），最终汇总的大报告交由国务院领导、省级机关、审计部门、监察机关审议和备案，并向社会公布，接受社会公众的监督。

5.2.2 财政中心工作层面——统筹政府内部控制标准的制定实施

财政部门是政府内部控制的发起部门，也是核心部门，这由其分配财政资金的职能所决定。在政府内部控制标准实施过程中，财政部门理应起到"承上启下、连接内外"的作用，既要统筹内部控制标准的制定，又要解答标准，指导各级政府机关、部门和单位实施，以统筹推进政府内部控制标准制定及切实实施。具体表现为：财政部领导牵头，会同其他中央部门、个体单位（可为优秀的典型单位）及地方政府机构（必须包括财政局）一起制定和实施政府内部控制标准；地方政府的财政部门则参照财政部和上级地方财政部门要求，会同其他职能部门和单位一起制定和实施地方政府内部控制标准；而对于个体单位而言，财务处室则成为衔接各职能处室的"连接点"。

同时，财政部门还应当采用"以查促建"和"标准引导"的方式，实现区域内部控制标准化建设和实施，对先进单位和部门提出表扬和奖励，对落后单位和部门给予警示和督促，既提高政府机关及其组成部门和单位的积极性，又能及时查找和补修"短板"。

此外，财政部门也是连接中介机构和社会公众的部门。在标准制定和实施过程中，财政部门是与中介机构和业内专家直接接触的主体，对于专业机构的意见，财政部门负有斟酌采纳的责任，以优化政府内部控制标准体系，提高标准实施效果。社会公众作为政府内部控制标准制定和实施的监督者，财政部门负有及时、准确、完整地公开信息的责任，并及时接收、处理来自社会的反馈、意见和建议，对于重要事宜，还需及时做出答复。

5.2.3 部门标准层面——形成政府内部控制标准的行业引导

所谓标准，就是行业共识。行政事业单位内部控制尽管框架结构稳定，但其内涵实质、控制审核要素和关键风险点，乃至具体业务环节和管理体制等，在不同行业和不同类型单位之间，有显著差异，导致当前《行政事业单位内部控制基本规范（试行）》对于实际工作的指导作用比较有限。同样的，基于单位共性特征拟定的"业务标准"也存在针对性不强、颗粒度不细、操作性不够等问题，无法对各部门各单位内部控制的建设和落地实施提供有力支持。参照企业内部控制建设和全面实施预算绩效管理的经验做法，亟须探索建立分行业的内部控制标准（含业务标准、评价指标和操作指南等），以保障单位可按图索骥、对标对表，建立符合自身管理需求的内部控制制度和流程，在提升单位内部管理水平的同时，也完善政府治理体系、提高政府治理能力。

此时，需要政府部门发挥对政府内部控制标准的制定和实施的行业引导作用。首先，明确政府内部控制建设的行业标准划分依据，如按照行政职能不同分为党政机关、行政单位、事业单位、国有企业等；按照履职职能不同分为国防行业、外交行业、教育行业、文化行业、科技行业等。其次，按照行业划分，由行业主管部门与财政部门一同组织专家团队研究拟定各行业系统的内部控制建设规范性文件，广泛征求相关单位意见和建议后予以公布、实施。而后，组建由主管部门和财政部门、典型单位、资质良好的中介机构以及内部控制专家构成的内部控制标准建设课题组，以政府内部控制建设规范和行业系统内部控制建设规范为基础，结合行业履职事项、专项资金管理和预算绩效管理等相关要求，研究拟定各行业系统的内部控制标准。该标准发布后应有试运行阶段，并根据运行情况迭代修正。最后，对年度实施情况进行汇报，形成《政府部门内部控制报告（××行业）》，并报同级审计部门和监察机关审议和备案。

在此基础上，各地方政府部门可结合实际情况制定发布本省、市、县、乡的内部控制标准，并不断更新优化。对于地方政府形成的《地方政府内部控制报告（××省或××省××局）》则交由省级审计部门、监察机关审议和备案（有条件的可形成市级政府内部控制报告）。

5.2.4 单位执行层面——以"标杆"单位引领标准的落实

在单位层面，采用"以点扩面"的渐进式实施方式，既符合中国改革的实践经验，又满足内部控制水平参差不齐的各类单位的需要。

首先，内部控制在单位层面之所以得不到应有的重视，一是因为其"方法论"的工具属性还未被广泛认识和接受，二是因为牵头部门推动内部控制建设的积极性未被充分调动。基于行政事业单位内部控制建设发展阶段，需要对当前建设中好的经验和做法做提炼总结，以期宣传推介、表彰先进，同时树立行业标杆，为其他单位树立学习和赶超榜样。

其次，尽管多数单位已经声明完成内部控制制度建设，且覆盖六项经济活动，但建设方式、建设思路乃至建设成果的规范化程度还存在一定差异。正式发文且运行的比重还不是很高，建设质量有进一步提升的空间，重点是两个方面：一是外部一致性，确保单位六项经济活动梳理的流程、岗位职责及控制措施等符合外部法规要求；二是内部一致性，即要保障单位内部控制建设成果与单位原有管理制度和办法有序衔接，与单位日常运行活动无缝对接，确保单位内部控制体系能够落地。

5.2.5 中介机构层面——专家协助标准落实的规范性

内部控制涉及单位财政资金运行的全过程和各个方面，具有很强的专业属性，需要发动和依靠各个行业的专家资源。示范案例评选和行业标准建设等，都需要行业专家的深度参与。建议各层级政府、各部门成立内部控制专家委员会，形成"政府内部控制智库"，共享专家资源，提高内部控制标准实施的规范性。具体事项可由各级财政部门负责；具体方式如征集、组建"政府内部控制专家库"。

同时，财政部门需引导中介机构的"政府内部控制咨询"业务发展，以借助"中介机构和专家"的专业力量推动政府内部控制标准的制定和实施。一是明确行业协会，如设立政府内部控制协会，可挂靠在中国会计学会，由其对政府内部控制相关机构的行业规范、培育市场、传播知识、交流经验、培养内部控制人才发挥作用。二是拓展会计师事务所业务，由企业审计和内部控制咨询业务向政府内部控制咨询做出一定程度的倾斜。三是发挥科研院所的"智库精神"，为政府内部控制标准的制定和实施提供专业指导和协助。四是鼓励高校培育新型内部控制人才，不仅要懂企业内部控制，还要懂政府内部控制、国际内部控制，更要懂大数据、人工智能等先进技术下的政府内部控制实施。

5.2.6 社会公众层面——公众监督提升标准实施质量

应当建立政府内部控制报告制度，将报告作为外部信息沟通的载体，包括同级政府内各部门之间的沟通、上下级政府之间的沟通、政府与其他非政府组织以及社会公民个人之间的沟通等。为实现有效的外部沟通，接受社会公众的监督，一是应当进一步加强政府信息公开法治建设和政府电子政务建设，借助信息平台及时公开政府及其组成部门及单位的内部控制报告；二是应当完善信访制度，接收并及时处理来自社会公众的反馈、意见和建议；三是应当建立规范合理的听证制度等，对于来自社会公众的问题和纠纷，需要为利害关系人健全申辩程序。

5.3 政府内部控制标准实施的典型案例

5.3.1 教育部、工信部率先探索内部控制建设

自《行政事业单位内部控制规范（试行）》开启了行政事业单位内部控制建设和实施的系统工程以来，教育部、工信部等中央部门率先探索内部控制建设。2016年，教育部发布了《教育部直属高等学校经济活动内部控制指南（试行）》（教财厅〔2016〕2号）、《关于开展单位内部控制基础性评价工作的通知》（教财司函〔2016〕451号）为规范教育行业系统的内部控制制度建设做出了规范性指引。同年，工信部发布《关于做好内部控制有关工作的通知》（工财函〔2016〕66号）、《关于加强内部控制建设推动廉政风险防控的通知》（工信部〔2016〕81号）、《工信部关于开展单位内部控制基础性评价工作的通知》（工信厅财函〔2016〕523号），为信息行业内部控制建设提出了要求。

以《教育部直属高等学校经济活动内部控制指南（试行）》（教财厅〔2016〕2号）为例，其包括内部控制实施指南、内部控制应用指引和内部控制评价指南三部分。在内部控制实施指南部分明确了高校内部控制建设应当遵循的原则和应当具备的组织架构。在内部控制应用指引部分规定了控制环境、预决算管理、资产管理、债务管理、收入管理、支出管理、合同管理、采购管理、工程项目管理、科研项目管理、财政专项项目管理、经济活动信息化管理、所属企业管理、教育基金会管理和其他附属单位管理等内容。在内部控制评价指南部分，明确了高校内部控制评价内容、评价方法和内部控制监督机制。

5.3.2 浙江省全面推进内部控制标准建设

建立和完善内部控制是推进政府治理体系和治理能力现代化建设的一项重要举措，是行政事业单位落实全面从严治党主体责任、防控廉政风险的有效手段。为全面推进浙江省行政事业单位内部控制建设，提高单位管理水平，改进公共服务质量和效率，浙江省财政厅发布了《关于全面推进行政事业单位内部控制建设实施工作的通知》，要求各地市财政局、省级各行政事业单位根据财政部有关内部控制和《浙江省财政厅 浙江省审计厅 浙江省人力资源和社会保障厅关于加强行政事业单位内部控制建设的通知》（浙财会〔2016〕6号）系列政策文件要求，结合实际，推进行政事业单位内部控制建设。

1）浙江省内部控制建设的总体目标

以全面执行内部控制规范为抓手，以规范单位经济和业务活动有序运行为主线，以内部控制风险评估和内部控制报告为引导，以信息化技术为手段，以考核评价与监督机制为保障，采取一体化系统规划、分级负责、分步实施的方式，实现对预算、收支、政府采购、资产、建设项目、合同六大经济业务活动的管理制度化、制度流程化、流程岗位化、岗位职责化、职责表单化、表单信息化。到2020年，基本建成与国家治理体系和治理能力现代化相适应的，权责一致、制衡有效、运行顺畅、执行有力、管理科学的内部控制体系。

2）温州市内部控制建设的实施方法

温州市全面推进行政事业单位内部控制建设实施，以全面落实单位内部控制建设主体责任为基础，制发业务标准、评价指标、操作指南"三位一体"的单位内部控制建设指引，结合标准引导、评价督导配套服务机制，分阶段整体推进全市内部控制建设。

（1）标准引导

①制发业务标准

为切实服务单位内部控制建设，明晰财政政策要求，市财政局系统梳理了截止到2019年6月30日的六大经济业务活动政策制度要求，形成了《温州市市级行政事业单位内部控制业务标准（试行）》。该标准包括温州市相关政策汇编、政策解构后形成的内部控制业务流程及流程说明，作为引导单位在内部控制建设过程中需遵循的外部合规要求。

②印发操作指南

市财政局围绕内部控制建设目标，立足单位视角，按照内部控制建设引导式步骤和工作内容，形成《温州市市级行政事业单位内部控制操作指南》。操作指南中提供的相关样例，便于单位作为了解内部控制要素的参考，并非模板，各单位要结合自身实际，有机融合外部政策与单位实际，修订、完善形成单位可执行的内部控制制度与流程。

③制定评价指标

按照"建设目标阶段化，阶段目标底线化，底线目标指标化"的分段推进要求，市财政局根据阶段工作安排，确定了《温州市市级行政事业单位内部控制建设评价指标》，并以此为依据开展单位自评、财政评价督导等相关工作。

（2）评价督导

为确保温州市内部控制建设的推进落实，市财政局将组织内部控制相关专家、专业机构等成立评价督导小组，按照评价指标的要求，通过线上"全阅卷"式集中评价、线下现场评价等方式，对单位内部控制建设情况进行量化评价，并有针对性地提出改进建议，督促指导各行政事业单位内部控制建设工作提升完善。

（3）分段推进

温州市行政事业单位内部控制建设按合规性、有效性和信息化建设三个阶段全面推进。

①合规性内部控制建设阶段

工作目标是"动起来，有制度"。依据行政事业单位"法无授权不可为"的特性，内部控制体系建立应符合相关政策要求，保证所有经济活动管理"规矩"完整建立。一是外部合规性建设。通过收集、解构外部政策，建立符合外部政策规范的内部控制制度流程，防范制度性缺失与违规风险。二是内部合规性建设。在保留单位已有合规制度流程的基础上，将单位内的惯例（不成文的）且合规的管理行为显性化、制度化，达到完整性要求。

②有效性内部控制建设阶段

工作目标是"用起来，见成效"。经济活动相关"规矩"建立后，需将内部控制制度流程与各单位机构设置、岗位设置、人员配备以及工作开展等实际情况相匹配；通过业务流程的"穿行"测试和"交叉"测试，将各业务流程及流程控制措施具体落实到部门、岗位及人员，使制度要求与流程控制措施达成一致，保证内部控制制度流程的可操作性。

③内部控制信息化建设阶段

工作目标是"转起来，成常态"。在单位内部控制体系运行的基础上，进一步开展验证测试和完善工作，确保人岗责匹配一致，打通业务活动之间的衔接关系，利用现有信息系统和信息技术，对相关业务流程和控制措施进行固化，关键信息留痕、可追溯，保障业务活动开展过程常态化、闭环式管理，实现单位内部控制体系无缝衔接、高效运转。

3）工作步骤

（1）培训部署阶段（2019年8月底前）

市财政局于2019年8月31日前，统一组织市级各部门内部控制建设专题培训，部署全面推进行政事业单位内部控制建设工作要求，详解内部控制指引内容，确保内部控制建设工作顺利开展。各部门应组织本系统所辖单位开展专题培训，布置内部控制建设工作。

（2）自评建设阶段（2019年10月底前）

各部门参考《温州市市级行政事业单位内部控制建设评价指标》中的合规性指标，开展本部门及所属单位内部控制建设情况自评工作。各单位要以合规性评价指标为标准，对自评中发现的问题参照市级单位内部控制业务标准和操作指南，结合单位实际进行内部控制建设和完善，并填写评价指标（合规性指标）自我评价。

（3）资料报送阶段（2019年11月15日前）

自评建设阶段后，各行政事业单位应根据《温州市市级行政事业单位内部控制建设评价指标》合规性阶段中的要求，整理单位内部控制建设的佐证材料，并将自我评价情况及佐证材料以电子文件方式由部门收集汇总，逐级上报市财政局。

（4）全面复核阶段（2019年12月底前）

市财政局收到各部门提交的汇总资料后，按照评价指标（合规性指标）中的评价说明和评价细则对各部门及所属单位报送资料集中进行全阅卷式复核打分，并逐一反馈改进建议书。

（5）现场评价阶段（2020年1月底前）

市财政局根据全面复核结果，采取"双随机"原则，开展市级各部门、各行政事业单位现场评价工作，监督检查单位内部控制实施情况与单位自评及财政部门内部控制相关要求是否相符。

（6）完善提升阶段（2020年4月底）

市财政局对全面复核及现场评价结果进行公布，对未达到合格分数的单位进行通报，督促其完成整改。各行政事业单位根据市财政反馈建议书、整改意见书对单位的内部控制建设进行整改、完善、提升，并按照评价指标（有效性指标）要求进行有效性阶段建设。各行政事业单位根据财政部门的要求及时编制上报内部控制报告。

（7）信息化推进阶段（2020年年底前）

评价督导小组对各部门、行政事业单位进行内部控制建设有效性阶段考核评价。各单位对内部控制有效性运行情况进行总结，鼓励有条件的单位利用信息化技术和手段，开展内部控制信息化建设，固化内部控制建设成果。

4）保障措施

（1）加强组织领导

温州市财政局成立由局主要领导担任组长，各分管领导担任副组长，各相关业务处室主要领导任组员的内部控制领导小组，领导小组下设办公室，建立分工明确、责任清晰、齐抓共管的内部控制组织管理架构。各行政事业单位要高度重视内部控制建设工作，切实承担内部控制建设的主体责任，实行一把手负责制，明确分管领导和责任部门，配备专业人员，落实责任分工，加强对单位内部控制建设的组织领导，建立领导负责、责任部门主抓、相关部门协调、全员参与的内部控制建设工作机制。各县（市、区）财政、各主管部门应加强组织领导，负责本地区、本部门内部控制建设工作的统筹安排、组织协调。

（2）加强协同推进

温州市要求成立行政事业单位内部控制专家咨询委员会，由市财政局牵头组织，聘请高校专家教授、会计师事务所注册会计师、内部控制领域专家、市级主管部门业务骨干等人员，负责内部控制建设实施的宣传培训、政策指导、咨询答疑、评价监督等工作，帮助单位解决内部控制建设执行中遇到的问题。各行政事业单位要做到人力、物力、财力的保障，确保内部控制建设工作落到实处、收到成效，要建立内部控制单位联络员制度，具体负责单位内部控制建设情况的收集与反馈，市财政局不定期召开内部控制专家和联络员会议，加强沟通交流，掌握进展情况，应对和解决出现的情况和问题，及时总结推广工作经验和工作成果。各县（市、区）财政局、各主管部门按照"统一部署、分级负责"的原则，协同有序推进本地区、本部门内部控制建设工作。

（3）持续动态优化

内部控制建设是一个动态过程，市财政局将定期梳理公开相关政策文件表单和各类办事事项，将内部控制建设与机关内部"最多跑一次"有机结合，及时更新发布业务标准，提供行政事业单位内部控制合规依据。各行政事业单位应充分认识内部控制建设的重要性、长期性，根据内部控制建设相关要求，结合内外部政策环境变化、自身管理的特点要求，上下联动、因时制宜、持续优化，达到强化内部控制管理的实际效用。

（4）强化监督考核

强化内外监督。行政事业单位应建立健全内部控制的监督检查制度，通过日常监督和专项监督，检查内部控制实施过程中存在的突出问题、管理漏洞和薄弱环节，进一步改进和加强内部控制，要将内部监督与干部考核、追责问责结合起来，促进自我监督、自我约束机制的不断完善。温州市考绩办将内部控制建设工作列入了 2019 年度市直单位"六比"清单考评，市财政局加强对单位内部控制建设和实施情况的监督检查，公开监督检查结果，并将监督检查结果、自我评价情况和专业审计情况作为安排财政预算、实施预算绩效管理与中期财政规划的重要参考依据。各县（市、区）财政局也应参照市财政局的做法，建立相应的内部控制体系和考核监督机制，推进本地区内部控制建设工作的开展。

5.3.3 重庆市渝北区高度重视内部控制建设

（1）渝北区内部控制工作整体情况

2012 年以来，财政部发布了一系列强化行政事业单位内部控制的制度、文件，明确要求"内部控制尚未建立或内部控制制度不健全的单位，必须于 2016 年底前完成内部控制的建立和实施工作"。2016 年 7 月 19 日，重庆市财政局印发了《重庆市行政事业单位内部控制操作指引》，对全市行政事业单位内部控制建设工作提出了具体的要求。

渝北区高度重视内部控制建设工作，力争内部控制工作走在全市前列。2016 年，财政局将内部控制建设作为年度财政管理工作的重中之重，多方考察、寻求适合渝北区实际情况的内部控制建设实施路径。2016 年 9 月，经区政府审核通过，区财政局联合区审计局、区纪委和区国资委下发《渝北区行政事业单位和国有公司内部控制建设实施工作方案》，并于 9 月 28 日召开动员培训会，正式启动区级所属 289 个行政事业单位和国有企业内部控制"一体化"建设。项目整体由区财政局牵头，制度建设部分由重庆工商大学专家团队负责，系统建设部分由北京艾图内部控制咨询有限公司负责。

渝北区内部控制体系建设总体思路是，以预算为主线，以财政资金流程控制为核心，以提升政府公共资金使用效益为总体目标，引导各行政事业单位经济和业务活动规范、有序、高效运转，确保财政资金"出口"与预算单位资金"进口"管理相衔接。所谓"一体化"，就是将区财政局财政管理内部控制与各预算单位经济活动内部控制进行整合，一体化推进；将各单位内部控制流程梳理和制度建设与信息化嵌入进行整合，一体化实施；同时在全区层面打通各个财政管理系统、实现财政数据互联互通，发挥财政数据的决策支持功能。

财政端建设情况：2015 年 1 月《财政部法律风险内部控制办法（试行）》等8 个专项内部控制办法印发，财政内部控制进入新阶段；尤其是 2015 年 12 月财政部《关于加强财政内部控制工作的若干意见》对市县财政内部控制的制度流程和执行体系建设提出了明确要求。当前，各地财政端内部控制建设有两种模式：一是风险导向，基本制度+若干风险控制办法，财政部自身采用这种模式，很多地方财政部门沿用；二是操作规程，内部控制制度+业务流程，辽宁省财政厅和眉山市财政局等采用。经过论证发现，第二种操作规程模式根据财政管理职能确定核心业务环节，进而梳理优化流程、总结提炼制度，同时嵌入关键风险点、体现问题导向，对于基层财政部门的实际工作具有更强的针对性和指导性，便于操作和执行，为后续信息系统嵌入奠定良好基础；且这种模式与预算单位内部控制高度匹配，便于执行"一致性测试"，实现财政端和单位端内部控制向"一体化"推进。结合渝北区财政管理实际，围绕财政资金收支管理确定预算编审、预算执行、政府采购、资产管理、非税收入和债务管理六项核心业务环节作为建设重点，结合业务科室工作需要，将专项资金、绩效管理和财政监督检查等作为拓展性业务环节纳入建设范围。

（2）内部控制建设具体推进情况

渝北区内部控制建设通过先试点、再推广的步骤进行。

①前期试点阶段（2016年9月—2018年1月）

经研究，选择了区教委等9家有代表性的预算单位开展试点。各单位需要完成合规性建设、有效性建设、信息化建设三项工作。

一是合规性建设，即做好制度流程体系建设，保证单位经济活动合法合规。首先对涉及每家单位的相关法律法规及制度办法进行系统梳理，形成区域内部控制标准；然后通过深度访谈、制度查阅和对标等工作进行内部控制风险识别，形成风险清单，并进行内部控制基础性评价。结合梳理和评价结果制定各单位内部控制的业务流程规范。流程体系建设分为财政端和预算单位端，财政端出台了《财政管理内部控制基本制度》《业务规程》，对预算编审、政府采购、资产管理、非税收入、债务管理、财政监督检查、预算执行、专项资金和绩效管理9项业务进行规范；预算端出台了各单位《内部控制制度汇编》《业务流程手册》，对预算管理、采购管理、收支管理、资产管理、基建项目和合同管理6项业务进行规范。

二是有效性建设，即做好有效性验证与一致性测试，确保内部控制有效性建设落到实处。将上述制定的各项流程制度，反馈运用到实际操作中，检验制定的制度与单位实际工作的适配情况。2017年8月—9月，对试点单位进行"一致性"测试，经过测试，发现当前全区财政管理存在的一些难点和梗阻问题，如在预算指标调剂方面，各预算单位均提出现行规定不明确、不规范、审批层次过高等问题。通过研究，明确对原业务流程的改进方案，一致性测试成功通过。总体看来，有效性验证与一致性测试能有效地改进优化不利于业务运行的审批和控制程序，更好地服务单位各项业务的开展和运行。

三是信息化建设，即做好内部控制信息化开发建设，及时上线实施。2017年5月—7月，开展渝北区财政局及预算单位现有业务信息系统的调研评估工作，完成内部控制信息化整合方案设计；8月—10月，完成信息系统整合方案确认，完成单位端预算过程管理信息系统的开发部署；10月—12月，完成9家试点单位预算过程管理信息系统的上线试运行；2018年1月16日，9家试点单位预算过程管理信息系统正式上线运行。2018年1月20日，渝北区召开行政事业单位"一体化"内部控制体系建设项目（试点阶段）验收会，邀请深圳市融智内部控制研究院首席专家财政部企业司原司长刘玉廷、重庆市财政局总会计师彭涌、重庆市审计局副局长戴希、重庆工商大学校长孙芳城等专家学者，以及市财政局、区纪委、区审计局、区国资办等单位参会，对渝北区内部控制建设试点阶段进行了验收并一致通过。与会专家和领导认为：渝北区内部控制建设卓有成效，试点阶段建设成果规范、专业、理念新颖，具有科学性、创新性和操作性，其经验可在全区范围内复制推广，希望渝北区充分利用试点取得的成果，继续在全区范围内推进内部控制建设，尽快形成规模效应，取得更好的成效。

②全区整体推广阶段（2018年1月—2018年8月）

2018年1月《重庆市财政局关于开展行政事业单位内部控制建设监督检查工作的通知》下发后，区财政局认真研究部署，开始在全区范围内推广"一体化"内部控制体系建设前期试点阶段建设成果。1月29日，区财政局印发《关于开展行政事业单位内部控制建设监督检查工作的通知》并随后召开工作布置会。6月初，区财政局印发了《关于进一步推进行政事业单位内部控制建设实施工作的通知》，以文件形式明确行政事业单位内部控制建设检查标准，并提出全区各单位内部控制建设时间表：在2018年12月前，全区各单位需全部完成合规性建设，区属各部门需完成有效性建设；在2019年6月前，全区各单位需全部完成有效性建设；在2019年12月前，全区各单位需全部完成信息化建设。对在各阶段提前完成任务的单位，鼓励其提前进入下一阶段建设。

目前各部门和各单位正按照市、区要求稳步推进内部控制建设购买服务、制度流程梳理、信息系统搭建等工作，取得了初步成效。同时，按照重庆市财政局要求，组织开展全区各行政事业单位自查评分和佐证材料报送工作，委托重庆工商大学重庆内部控制研究所开展全面核查，选取区公共资源交易中心等16家行政事业单位进行重点检查，并出具复查评分表和整改意见书。核查结果表明：此次内部控制建设佐证材料报送单位280家，单位自查平均分76.4分，复核平均分63.11分，其中合格单位162家，合格率为57.86%。截至2018年9月，全区已有225家行政事业单位同第三方中介签署内部控制建设项目购买服务合同，涉及财政资金上千万元。

（3）主要问题分析和对策建议

整体看来，渝北区内部控制建设工作有条不紊推进，取得了一些成果。但从各单位看来，全区内部控制建设工作进展仍不平衡，主要存在以下问题：

一是认识不到位。部分主管部门还未将内部控制建设同对财政资金使用的监督管理结合起来、推动不力，部分单位对内部控制建设工作主体责任不够明确、工作主动性不够，部分单位业务科室认为内部控制只是财务部门的事情、配合不积极、不主动。二是标准难以统一。由于不同单位、不同行业资金管控标准和运行评价指标还不够细化，在有效性内部控制体系建设各项指标的确定上，难以统一定性定量定标。三是内部控制信息系统建设难度大。由于各单位自有软件信息系统的开发公司不同，所建系统的端口、技术均有所差异，难以在全区层面进行集约对接。同时，部分单位尤其是主要负责人对于线上审核还有抵触情绪，甚至将自己的账号交给交办人员代审代办，影响了内部控制效能的发挥，加大了廉政风险。

因此，要让内部控制体系真正落到实处，尚需努力。结合渝北区的实际情况，本书认为应从以下方面提升渝北区内部控制建设效果：

一是内部控制体系建设需要凝聚各方力量。全区"一体化"内部控制体系建设是一项庞大的工程，需要统筹协调各方力量，激发调动各方积极性和主动性，形成合力。牵头部门要积极向区政府汇报以争取支持，要主动与审计、纪委等部门沟通争取配合，要加大对各部门各单位的宣传指导，激发主体责任意识。财政部门一定要准确站位，不能大包大揽，重点做好统筹规划、宣传培训、标准引导以及监督检查等工作，要将各单位内部控制建设情况纳入财政监督检查常规项目，加大检查结果的运用，常抓不懈。

二是内部控制体系建设应坚持问题导向。从问题和风险出发是个很好的切入点，容易得到单位的理解和支持。内部控制体系建设需要始终以解决问题、提升效率为主线进行。要系统梳理"合规"与"效率"两个方面的问题，将依法行政总体要求和外部政策法规的财经纪律与单位内部业务实际运转流程进行比对，识别差异点和风险点，建立既能满足合规要求又能切合单位工作实际的制度流程。通过聚焦问题、优化流程、明确标准、提升效率，内部控制才能落地，进而激发单位内部控制建设的积极性、主动性。

三是内部控制体系建设应服务财政资金管理。现阶段，内部控制一定要把控好"边界"和"底线"，不能盲目扩大。很多单位负责人对内部控制有抵触情绪，部分是因为有些人夸大了内部控制的作用，扩大了内部控制的边界。坚持内部控制服务财政管理的目标，以财政资金分配与使用为主线，以提升财政资金使用效益和预算单位履职效能为目标。通过对资金的管控，将流程化、标准化和规范化的理念植入单位，引导单位整体管理水平的提升。

四是内部控制体系建设应以"信息化"为抓手。信息化建设是内部控制制度流程落地的关键抓手，但只有将内部控制制度流程设计好，才能将制度流程嵌入系统，实现自动控制，内部控制才能真正落地。前期试点单位经验：凡制度流程建设阶段工作扎实有效的，信息系统上线后运行得就比较顺畅；凡制度流程建设阶段工作不充分、不到位的，信息系统就难以有效运行，出现很多返工情况。根据这个经验加大宣传，为确保系统上线后的工作效率，目前单位普遍对有效性内部控制体系建设更加重视，为"一体化"内部控制体系建设奠定了坚实基础。

针对现阶段单位内部控制建设问题的整改建议：第一，单位普遍反映由财务部门来推动内控建设有很大难度，建设效果也不尽如人意。对此，笔者认为单位内控建设本身就是单位全员参与的活动，而不仅仅是财务部门自己的任务，建议单位一把手和主要领导成立内控领导小组，由上至下地推动单位内控建设，同时上级部门应加强组织针对领导干部内控建设意识的相关培训工作，以提高单位领导的风险防控意识。第二，部分单位反映目前内控建设遇到各业务部门不配合的问题。对此，笔者认为单位应成立内控工作小组，该小组成员至少包括单位主要业务部门的一把手，由他们参与的这种联席会议机制可以更好地解决部门不协调的问题。

6 研究结论与政策建议

　　本研究对政府内部控制国内外相关理论与文献进行了梳理、整合与学习，结合中国政府内部控制实践，从宏观国家层面、中观政府层面、微观单位层面三个角度出发，从理论上对中国政府内部控制进行了模式论证，并构建了契合中国制度优势的政府内部控制理论框架，形成了相应的内部控制标准体系，在此基础上，结合政策法规库解构、研究行政事业单位内部控制报告分析与行政事业单位内部控制建设实践，对中国政府内部控制标准体系的具体内容进行了设计，并在此基础上探索了政府内部控制整体实施机制，以下是研究结论、创新点和对未来政府内部控制建设的展望和建议。

6.1　研究结论

　　根据"制度经济学"构建一个内部控制的管理框架，如政府内部控制通过职能制度化和制度流程化降低了非预期政府干预，降低了政府经济政策制定、执行和监督的不确定性。组织架构层面就是一种职能制度安排，即资源配置结构，可以优化政府政策决策，也是相对静态的政府职能的制度安排，即政府对公共资源的配置结构，可以优化政府政策制定和决策行为；业务流程层面就是一种制度执行能力，即公共资源运营能力，可以提高政府执行效率，也是制度安排在相对动态运行层面的空间责任和工序分解，体现了政府配置公共资源的运营效率，是提升制度执行效能的关键。该理论同样适用于微观企业，但是政府内部控制理论与企业内部控制理论又有明显区别，这种区别来自政府与企业在职能目标定位上的差异，也就是公共利益和个体利益的不同选择，政府和企业在这两个目标导向之间做出选择和博弈。

　　一方面，在产权和契约理论下，企业所有权是属于全体股东的，其产权边界和运营范围也是明确的，即股东权益最大化，也就是个体权益最大化，其个体资源与外部市场、政府的边界是非常明确的，否则就会出现效率低下甚至舞弊腐败的问题。在这个目标下，企业运营过程是对企业产权内的全部资源进行配置，并兼顾税收、产品质量、社会责任等公共利益，但是从个体自利和市场效率角度出发，企业依然以个体利益为主、以整体公共利益为辅，效率大于公平也成为政府和公众一直诟病企业，但企业永远无法摆脱的规律。另一方面，产权理论也可以解释为何很多人理解政府及其组成部门——行政事业单位内部控制过程中的误区。首先，政府及其组成部门中的政府机关为行政单位，而机关直属执行单位则为事业单位，政府内部控制实际就是行政事业单位内部控制以一定政府组织架构职能配置和政府业务流程职能执行的一个整体。其次，政府产权是个体产权以外的所有资源，其边界是抽象和模糊的，而政府契约是与全体公民以法律法规和部门规章的形式签署的，其条款并不是形象的和具体的，这都与企业有明晰的区别。再次，如果从产权和契约理论出发，每一个政府及其组成部门下的各类单位也有资产负债表，看似一个微观主体，但是其职能则是运营全部非个体产权的各类公共资源，其财务报表只能逼近但是无法实现绝对产权边界。最后，政府内部控制目标承接政府职能是为了维护整体公共利益，甚至可以为了这个目标牺牲某些个体利益，如果从企业视角出发，维护企业出资人产权利益最大化是首要目标，甚至可以牺牲整体公共利益。

总而言之，如果从企业理论出发，企业内部运营是明晰的，目标也主要是企业内部股东利益最大化，尽管过程中有可能出现基于委托代理理论的企业内部管理运营与股东利益的冲突。但是这种理论不能直接照搬到政府，政府出资人就是全体公民，产权也属于全体公民，看似政府内部运营，实则为全体公民型股东提供公共产品，并无法区分何为内部运营和外部服务，内外边界无法通过产权和契约理论完全界定清查。所以说，政府内部控制里面组织架构和业务流程也就不能界定为政府内部运营管理，而应当将为所有个体企业和全体公民提供公共产品作为政府内部控制的主要目标和管控范围。这个问题尤其是在中国特色社会主义理论和实践下更加适用，政府和企业一直在公共利益和个体利益之间进行均衡博弈和政策选择，政府偏重前者而企业偏重后者，但是偏重并不是偏废。

6.2 研究创新

第一，建立了宏观经济学视角下基于公共产权和国家契约的政府内部控制理论，有效区分了私人产权和商业契约的企业内部控制理论，构建了政府内部控制的标准即人民这种"公众股东"授权国家颁布的政策规划、法律法规与部门规章。

第二，建立了基于中国特色社会主义理论在法治政府治理体系和治理能力应用的内部控制制度，组织架构层面为政府权力资源配置与制度安排，业务流程层面为政府业务工序流程与制度执行，通过建立政府制度流程来稳定市场预期与防范化解系统性风险。

第三，建立了基于政府内部控制管理平台上的政府战略决策支持、预算绩效管理、政府会计核算、政府综合财务报告、政务管理信息化的大管理会计理论体系。

第四，首次采用全国内部控制报告、典型案例分析、问卷调查分析和访谈调研试点4种方式，将定性与定量研究相结合，建立规范研究和实证研究有机衔接的财政政策与会计制度研究方法。

6.3 未来展望和应用建议

根据项目研究取得的结论，本研究为政府内部控制标准体系的未来发展提供几点参考建议（如图6-1所示）。

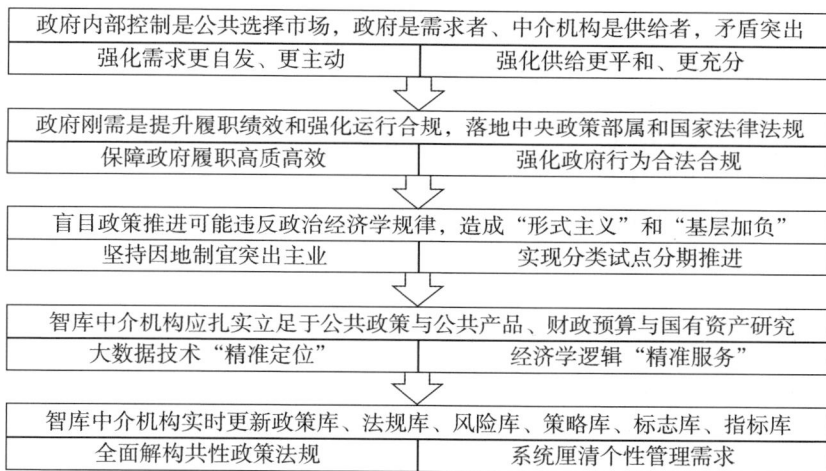

政府内部控制是公共选择市场，政府是需求者、中介机构是供给者，矛盾突出	
强化需求更自发、更主动	强化供给更平和、更充分

政府刚需是提升履职绩效和强化运行合规，落地中央政策部属和国家法律法规	
保障政府履职高质高效	强化政府行为合法合规

盲目政策推进可能违反政治经济学规律，造成"形式主义"和"基层加负"	
坚持因地制宜突出主业	实现分类试点分期推进

智库中介机构应扎实立足于公共政策与公共产品、财政预算与国有资产研究	
大数据技术"精准定位"	经济学逻辑"精准服务"

智库中介机构实时更新政策库、法规库、风险库、策略库、标志库、指标库	
全面解构共性政策法规	系统厘清个性管理需求

图6-1 未来展望和应用建议框架

具体来说：

（1）强化需求更自发、更主动，强化供给更平衡、更充分

政府内部控制是公共选择市场，其中，政府是需求者，中介机构是供给者，二者之间本身存在着矛盾，主要表现在以下两个方面：一方面，对政府内部控制的供给和需求存在不平衡的现象；另一方面，二者之间也存在着供给和需求不充分的现象。因此，主要可以通过以下两方面来解决这一问题：

一方面，加强政府内部控制环境的建设，各级政府和各个政府部门领导是关键。领导应高度重视政府内部控制建设，严于律己，率先垂范，以身作则，只有这样才能推动政府内部控制建设，减少实施内部控制的阻力。此外，通过"三分一轮一流程"提高政府公信力，培育良好的内部控制环境，以"分事行权"明确政府业务活动事项，以"分岗设权"细化政府职能责任分工，以"分级授权"界定政府责任主体归属，以"轮岗与审计"压缩政府的权力寻租空间，以"流程控制"固化政府事财匹配规则。

另一方面，不断优化内部控制领导小组和工作小组，建立确保决策权、执行权和监督权相分离的"三道"防线，合理设置内部控制牵头部门与监督评价部门，注重领导班子和业务部门的参与度，实现对权力运行、业务活动和经济活动一体化、全过程控制。持续完善内部控制领导小组的运行机制，根据2019年国务院发布的《重大行政决策程序暂行条例》，建立专家论证、集体讨论、公众参与和风险评估等重大行政决策机制，完善议事决策制度。

（2）保障政府履职高质高效，强化政府行为合法合规

政府刚需主要体现在两个方面，一是提升履职绩效和强化运行合规，即行政运行的绩效性；二是落地政策部署和法律法规，即行政运行的合规性。其具体包含以下几个方面：

第一，强化内部权力制衡，提高风险防控水平。单位应积极落实"三分一轮一流程"要求，突出对关键部门、岗位和环节的权力运行制衡和监督，通过流程化压缩和规范自由裁量权。一方面，单位应当建立健全权力清单制度，梳理重点领域的流程节点，明确关键控制点，在此基础上设置不相容岗位职责。另一方面，单位应当强化定期轮岗和干部交流管理，不具备轮岗条件的应采取专项审计、部门互审等替代控制措施。除此之外，单位应当坚持风险导向，把防范化解系统性风险的政治任务落实到内部控制制度设计和执行中，提高单位领导重视程度，建立风险评估全覆盖的工作机制。

第二，强化财政中心工作，加强重点领域管控。强化财政资金分配使用、国有资产监管、政府投资、政府采购、公共资源交易、公共工程建设等重点领域管控，即时更新财政资金分配使用相关岗位职责和操作规程，细化预算指标到功能分类科目"款级"和经济分类科目"目级"，积极推进预算责任岗位化和流程化。健全包含政策绩效、项目绩效的预算绩效管理体系，进一步完善预算绩效标准和流程，建立目标导向下绩效监控结果的审核分析和应用，及时纠正绩效偏差。

第三，加强国库资金管理，严格将预算指标作为资金支付的依据，构建以功能分类科目为依据的专项资金管理办法和以经济分类科目为依据的支出指南，建立预算硬约束机制和分级授权的审批体系，准确界定权限和责任，强化公务卡结算管理并积极响应各地国库集中支付电子化改革，推进电子票据、电子档案和电子签名的使用。

第四，优化资产过程管理，严格资产配置审查，及时关注上级政策的更新情况，完善具体国有资产管理岗位职责和内部流程相关制度。加强国有资产配置流程管控，明确资产配置标准，并与预算管理相结合。积极梳理资产存量和处置管理流程，规范资产处置收益的管理方式及分配标准，防止国有资产流失，逐步落实从入口到出口的全程管理。

第五，完善政府投资管理，根据2019年修订的《政府投资条例》，单位应当建立政府投资建设项目概预算环节的控制制度和流程，明确规定概预算编制和审核等流程，组织工程、技术、财会等专业人员对概预算进行审核。加强项目投资过程管理，科学编制资金使用计划，加强项目绩效运行监控，严格控制项目质量、成本与工期，及时编制竣工决算并开展决算审计。

第六，完善政府采购制度，建立采购需求部门与归口部门的沟通协调机制，提高采购预算编制的准确性，规范合同订立流程并进行合法性审查，根据"放管服"要求，建立健全单位内部自行采购制度。

第七，规范基建工程管控，按照上级政策规定，认真制定并严格执行建设项目管理内部控制岗位职责和工作流程制度，根据国务院办公厅《关于全面开展工程建设项目审批制度改革的实施意见》，加强对大型重点基本建设项目的论证与审批，完善项目审批流程，保证资金使用效益并遏制低效。

（3）坚持因地制宜突出主业，实现分类试点分期推进

在推行政府内部控制标准体系的实施进程中，盲目的政策推进可能违反政治经济学规律，造成"形式主义"和"基层加负"。因此，推进政府内部控制的建设，应遵循科学性原则，应根据实际情况，因地制宜、突出主业，并且采用分类试点和分期推进的方式来使政策落地的过程能够更好地适应政府部门的具体情况，取得良好成效，使政府内部控制标准体系的研究成果能更好地应用于实践。

研究经验告诉笔者，没有内部审计的评价、监督，就不能促成有效的政府部门内部控制的形成和内部控制的有效执行，因此，各级政府部门应在部门内部建立独立的内部审计监督机构，搭建完善的评估与监督管理机制，同时保证内审工作的独立性，内部审计监督机构需直接对单位负责人负责而不隶属于任何其他职能部门。

各级政府部门应当充分发挥内部审计监督机构的作用，通过调查问卷、观察、谈话和评估测试等方式，发现内部控制的高风险点和薄弱环节，对内部控制的有效性进行考核评价，提出有针对性的意见和建议。应当将内部控制建设和实施考核评价情况纳入领导经济责任的考核范围，强化内部控制考核评价结果应用，根据《中国共产党问责条例》的指示精神，建立问责制度。坚持问题导向，加强对发现问题通过内部控制原则整改落地的有效性，不断提升各级部门的内部控制质量与效率。

（4）大数据技术"精准定位"，经济学逻辑"精准服务"

对于建设力量不充足的单位，应引入第三方智库中介机构作为协助，资金不足的单位也可以采用案例模仿借鉴的方式进行。大力通过外部力量推进内部控制建设进度，提高市场力量和社会力量的参与度和贡献度。智库中介机构应扎根立足于公共政策与公共产品、财政预算与国有资产的研究，不仅要运用大数据技术

对内部控制信息化建设进行"精准定位"，还应掌握经济学逻辑对内部控制信息化建设需求进行"精准服务"。

与此同时，政府也应制订科学合理的内部控制信息化建设方案并积极推进系统纵深建设，实现系统全面覆盖。加大信息系统建设投入，在收支报销和会计核算模块的基础上，建立覆盖经济活动的信息系统。在政策法规和上级要求变化时，及时对信息系统进行更新改造，确保合规性和效能性要求通过信息系统实现落地。学习内部控制信息化建设先进案例经验，避免系统重复开发和资源浪费。除此之外，应根据内部实际需要，整合财政现有系统和共享数据，打破信息孤岛格局，构建严密的数据网络。加快内部控制信息系统互联互通，将业务模块与核算模块联通，统筹现有网络系统基础设施，建立内部控制大数据的底层基础数据平台，建立各部门之间信息共享共用机制。聘请外部第三方中介机构和专业技术人员合作建设数据平台，适当引进 RFID、采购云、合同云、大数据、语音处理、图像识别、人工智能、机器人等信息化创新成果，为内部控制有效实施提供技术支撑。

（5）全面解构共性政策法规，系统厘清个性管理需求

鼓励各中介机构深入学习党的十九大精神，提高政治站位，深入解读党中央的各项政策，实时更新政策库、法规库、风险库、策略库、标准库、指标库。加强对内部控制建设标准的认识与理解，持续跟踪并解构党中央国务院政策方针和法律法规，建立分行业和分地区的政策法规库，将不能突破的法规"底线"和不断刷新的政绩"上线"根植于咨询方案中，建立风险库、对策库和绩效库，切实为单位防范化解风险提供智力支持，形成全过程、有重点、分阶段的内部控制制度体系。鼓励中介机构提升自身管理咨询信息化建设水平，提高智能化咨询能力，紧跟"互联网+"时代发展新趋势，将咨询方案和流程融入咨询过程中的信息化平台中，动态生成内部控制制度和流程图，打造咨询行业"生态链"。鼓励中介机构在承接业务时，采用高校、科研院所、会计师事务所、管理咨询公司、软件公司的产学研一体化合作模式，发挥各自专业优势，提供高质量的内部控制咨询服务。

参考文献

［1］艾洪德，李东阳，张向达．公平与效率的一般研究［J］．财经问题研究，2000（8）：70-74．

［2］卡尼，等．联邦政府内部控制［M］．王光远，等译．北京：中国时代经济出版社，2009．

［3］常丽，陈诗亚．家族企业创始人的专用性资产对企业价值的影响——基于控制权争夺视角的研究［J］．宏观经济研究，2015（4）：23-28．

［4］常丽，何东平．关于会计学科新设专业选修课教学方法的探讨［J］．会计之友，2006（6）：71-74．

［5］常丽，王清阔．媒体关注与政府部门财务管理控制信息披露研究［J］．会计与经济研究，2015，29（2）：40-49．

［6］常丽，许向真．关于无形资产评估中折现率确定方法的探讨［J］．中国资产评估，2005（3）：5-27．

［7］常丽．SAP系统与企业产品成本实时管理控制的对接——基于大连重工·起重集团信息化管理的实践［J］．财务与会计，2009（8）：12-14．

［8］常丽．公共财政框架下的政府财务信息供求分析［J］．财政研究，2011（12）：33-35．

［9］常丽．公共绩效管理框架下的政府财务绩效报告体系构建研究［J］．会计研究，2013（8）：10-96．

［10］常丽．公共绩效管理与政府财务信息披露全景图的构建［J］．财政研究，2012（11）：66-68．

［11］常丽．关于构建政府与非营利组织会计（MPAcc）课程体系的探讨［J］．会计之友，2007（4）：92-93．

［12］常丽．绩效预算改革与政府成本会计的构建［J］．财政研究，2009（1）：22-25．

［13］常丽．美、日政府资产负债信息披露全景图比较研究［J］．财政研究，2010（8）：36-41．

［14］常丽．企业管理控制环境及其优化［J］．会计之友，2005（6）：32-33．

［15］常丽．强化实践环节建设提高会计学科精品课程质量［J］．会计之友（上旬刊），2008（5）：70-71．

［16］常丽. 我国政府会计确认基础改进的路径选择及实施环节［J］. 财政研究，2009（10）：66-68.

［17］常丽. 新公共治理、政府绩效评价与我国政府财务报告的改进［J］. 会计研究，2008（4）：19-93.

［18］常丽. 政府财务报告内部控制研究——基于权责发生制改革的视角［J］. 会计研究，2016（3）：15-95.

［19］常丽. 政府财务报告主体的国际比较及思考［J］. 会计与经济研究，2012，26（3）：3-9.

［20］常丽. 政府财务报告主体的重整——基于财政透明度的视角［J］. 财经问题研究，2008（6）：85-89.

［21］常丽. 政府会计改革焦点问题探讨［J］. 会计之友（下旬刊），2006（5）：74-75.

［22］常丽. 政府审计结果公开机制存在的问题及对策［J］. 财务与会计，2006（15）：30-31.

［23］陈冬红. 国家治理体系下的财政分权治理结构［J］. 南京社会科学，2015（1）：46-53.

［24］陈文川，余应敏. 国家治理现代化背景下政府内部控制的职能拓展［J］. 审计研究，2016（4）：99-106.

［25］池国华，关建朋，乔跃峰. 企业内部控制评价系统的构建［J］. 财经问题研究，2011（5）：87-92.

［26］池国华. 基于管理视角的企业内部控制评价系统模式［J］. 会计研究，2010（10）：55-61，96.

［27］池国华. 中国上市公司内部控制指数的功能定位与系统构建［J］. 管理世界，2011（6）：172-173.

［28］樊行健，刘光忠. 关于构建政府部门内部控制概念框架的若干思考［J］. 会计研究，2011（10）：34-41.

［29］范永茂. 预算改革：国家治理能力现代化和依法治国语境下的路径选择［J］. 北京行政学院学报，2016（5）：47-56.

［30］高培勇. 论国家治理现代化框架下的财政基础理论建设［J］. 中国社会科学，2014（12）：102-122，207.

［31］斯塔林. 公共部门管理［M］. 北京：中国人民大学出版社，2013.

［32］斯基亚沃-坎波，托马西. 公共支出管理［M］. 张通，译. 北京：中国财政经济出版社，2001.

［33］郭晓梅，傅元略. ZPM-内部控制制度的综合评价模型［J］. 上海会

计，2002（12）：6-9.

[34] 何显明. 公共权力制约的路径选择及其价值预设 [J]. 浙江学刊，2005（2）：120-126.

[35] 何云，谢志华. 企业内部控制的缺陷、路径依赖与创新问题研究——基于制度经济学的分析视角 [J]. 经济体制改革，2011（1）：60-63.

[36] 胡鞍钢. 中国国家治理现代化的特征与方向 [J]. 国家行政学院学报，2014（3）：4-10.

[37] 胡继荣，包玉婷. 美国联邦政府单一审计制度及其借鉴意义 [J]. 审计研究，2008（4）：30-33.

[38] 计金标，方玉红，杨豪. 中国财政管理内部控制研究述评与建议 [J]. 北京社会科学，2013（6）：89-94.

[39] 贾康，苏京春. 论供给侧改革 [J]. 管理世界，2016（3）：1-24.

[40] 诺思. 经济史中的结构与变迁 [M]. 陈郁，等译. 上海：上海三联书店，1991.

[41] 荆新. 我国政府会计准则体系的结构与协调问题研究 [J]. 会计与经济研究，2017，31（1）：20-27.

[42] 李建发，张曾莲. 基于财务视角的政府绩效报告的构建 [J]. 会计研究，2009（6）：11-96.

[43] 李英，刘国强. 再论行政事业单位内部控制建设若干基本问题 [J]. 财务与会计，2015（8）：40-41.

[44] 李英，周守华，窦笑晨. 我国内部控制规范的颁布抑制了认知性盈余管理吗？[J]. 审计研究，2016（5）：82-88.

[45] 希克. 联邦预算 [M]. 苟燕楠，译. 北京：中国财政经济出版社，2011.

[46] 刘家义. 论国家治理与国家审计 [J]. 中国社会科学，2012（6）：60-72，206.

[47] 刘力云. 政府审计与政府责任机制 [J]. 审计与经济研究，2005（4）：7-26.

[48] 刘明辉，常丽. 政府审计结果公开机制评析 [J]. 审计研究，2005（2）：26-30.

[49] 刘尚希. 财政改革、财政治理与国家治理 [J]. 理论视野，2014（1）：24-27.

[50] 刘永泽，金花妍. 日本内部控制准则的实施效果及启示 [J]. 南京审计学院学报，2012，9（5）：51-59.

［51］刘永泽，金花妍．日本内部控制准则的特色及其实施情况分析［J］．四川大学学报（哲学社会科学版），2012（5）：95-104.

［52］刘永泽，况玉书，吉津海．政府内部控制制约机制研究——基于"三分一轮一流程"的视角［J］．财政监督，2015（21）：8-12.

［53］刘永泽，况玉书．关于政府内部控制的几个问题［J］．财经问题研究，2015（7）：73-77.

［54］刘永泽，况玉书．关于政府内部控制的几个问题［J］．会计与控制评论，2014（1）：27-40.

［55］刘永泽，况玉书．美国联邦政府内部控制准则：比较与借鉴［J］．会计之友，2015（13）：75-79.

［56］刘永泽，况玉书．我国政府内部控制：经验借鉴与体系构建［J］．南京审计学院学报，2015，12（4）：3-11.

［57］刘永泽，况玉书．政府内部控制的内涵界定、外延定位与预算选择［J］．审计与经济研究，2015，30（3）：88-97.

［58］刘永泽，唐大鹏．关于行政事业单位内部控制的几个问题［J］．会计研究，2013（1）：57-96.

［59］刘永泽，张亮．我国政府部门内部控制框架体系的构建研究［J］．会计研究，2012（1）：10-19.

［60］刘永泽，张亮．我国政府部门内部控制框架体系的构建研究［J］．会计与控制评论，2011（2）：54-74.

［61］刘永泽．我国政府部门内部控制框架体系的构建研究．中国会计学会2011学术年会论文集［C］．北京：中国会计学会，2011：15.

［62］刘永泽．财政部内部控制是政府内部控制的核心［J］．财政监督，2015（4）：8-9.

［63］刘玉廷，王宏．美国加强政府部门内部控制建设的有关情况及其启示［J］．会计研究，2008（3）：3-95.

［64］吕阳，张向达．省级财政国库管理流程风险评估——基于COSO内部控制框架的分析［J］．吉林大学社会科学学报，2013，53（4）：93-101.

［65］潘俊，陈志斌．政府财务信息披露理论框架构筑［J］．上海立信会计学院学报，2011，25（5）：23-31.

［66］潘秀丽．对内部控制若干问题的研究［J］．会计研究，2001（6）：22-25，65.

［67］逄锦聚．深刻认识和把握新时代我国社会主要矛盾［J］．经济研究，2017，52（11）：20-22.

［68］秦荣生. 深化政府审计监督完善政府治理机制［J］. 审计研究，2007（1）：3-9.

［69］邱东，李东阳，张向达. 养老金替代率水平及其影响的研究［J］. 财经研究，1999（1）：30-32.

［70］孙芳城，梅波，杨兴龙. 内部控制、会计信息质量与反倾销应对［J］. 会计研究，2011（9）：47-97.

［71］孙芳城，杨兴龙，田冠军. 企业内部控制的属性差异和功能分化［J］. 审计与经济研究，2010，25（6）：10-15.

［72］汤梅，卜凡. 论现代国家治理体系中的政府权力配置与运作［J］. 探索，2014（1）：4-7.

［73］唐大鹏，常语萱. 新时代行政事业单位内部控制理论创新——基于国家治理视角［J］. 会计研究，2018（7）：13-19.

［74］唐大鹏，常语萱. 政府内部控制整合导向研究［J］. 财经问题研究，2019（8）：96-103.

［75］唐大鹏，党金凤. 部门预算绩效管理内部控制机制构建［J］. 中国财政，2018（19）：29-34.

［76］唐大鹏，付迪. 财政部门内部控制和预算单位内部控制一体化构建［J］. 财务与会计，2016（8）：53-55.

［77］唐大鹏，高勤. 基于内部控制经验完善政府部门内部采购［J］. 中国财政，2015（2）：44-45.

［78］唐大鹏，葛静，王璐璐. 浅谈"互联网+"背景下乐视网的内部控制［J］. 财政监督，2016（15）：104-107.

［79］唐大鹏，吉津海，支博. 行政事业单位内部控制评价：模式选择与指标构建［J］. 会计研究，2015（1）：68-97.

［80］唐大鹏，李俊仪. 推进财政管理内部控制信息系统建设的经验及启示——以辽宁省财政厅为例［J］. 中国财政，2018（2）：67-69.

［81］唐大鹏，李坤灿. 新常态下推进公共部门内部控制的重要意义［J］. 财政监督，2015（22）：33-35.

［82］唐大鹏，李鑫瑶，刘永泽，等. 国家审计推动完善行政事业单位内部控制的路径［J］. 审计研究，2015（2）：56-61.

［83］唐大鹏，李怡，周智朗，等. 政府审计与行政事业单位内部控制共建国家治理体系［J］. 管理现代化，2015，35（3）：123-126.

［84］唐大鹏，刘国平，郑丹萍. 政府采购视角下行政事业单位内部控制信息系统研究［J］. 中国政府采购，2019（2）：43-46.

[85] 唐大鹏，孙晓靓，王璐璐. 内部控制视角下行政事业单位财政财务管理模式优化探析 [J]. 财务与会计，2017（2）：62-64.

[86] 唐大鹏，滕双杰，常语萱，等. 新时代行政事业单位内部控制信息化落地的分析和建议 [J]. 中国注册会计师，2019（1）：34-38.

[87] 唐大鹏，王璐璐，武威. 预算分权下政府内部控制概念框架及实现路径 [J]. 财政研究，2017（6）：59-58.

[88] 唐大鹏，王璐璐. 政府内部控制多维分析：国家治理、财政治理和财务治理 [J]. 会计与经济研究，2017，31（6）：36-48.

[89] 唐大鹏，王璐璐. 政府内部控制与腐败治理机制 [J]. 中国审计评论，2018（2）：36-44.

[90] 唐大鹏，王艺博. 政府内部控制管理咨询的问题和对策 [J]. 财务与会计，2018（13）：75-77.

[91] 唐大鹏，吴佳美. 政府内部控制研究：主题分类与引用分析——基于CSSCI期刊的统计 [J]. 会计与经济研究，2018，32（4）：12-26.

[92] 唐大鹏，武威，王璐璐. 党的巡视与内部控制关注度：理论框架与实证分析 [J]. 会计研究，2017（3）：3-94.

[93] 唐大鹏，武威，王璐璐. 政府会计改革与内部控制建设 [J]. 会计之友，2017（8）：19-23.

[94] 唐大鹏. 公共部门内部控制的国际借鉴与制度创新 [J]. 财政研究，2014（5）：71-74.

[95] 唐钧. 论政府风险管理——基于国内外政府风险管理实践的评述 [J]. 中国行政管理，2015（4）：6-11.

[96] 滕双杰，唐大鹏. 全面推进行业系统内部控制建设——基于国家部委案例经验 [J]. 财政监督，2017（3）：51-55.

[97] 田祥宇，王鹏，唐大鹏. 我国行政事业单位内部控制制度特征研究 [J]. 会计研究，2013（9）：29-96.

[98] 王光远. 中美政府内部控制发展回顾与评述——兼为《联邦政府内部控制》（中文版）序 [J]. 财会通讯，2009（34）：6-10.

[99] 王璐璐，唐大鹏. 新常态下企业内部控制目标定位优化 [J]. 财务研究，2016（6）：81-88.

[100] 王璐璐，唐大鹏. 预算分权下美国政府内部控制：经验与启示 [J]. 财经问题研究，2017（8）：67-73.

[101] 王庆东，常丽. 新公共管理与政府财务信息披露思考 [J]. 会计研究，2004（4）：73-76.

［102］王庆东，常丽．政府财务报告改革导向及其实现机制探索［J］．会计研究，2007（3）：88-90.

［103］王绍光，马骏．走向"预算国家"——财政转型与国家建设［J］．公共行政评论，2008（1）：1-198.

［104］王素莲．企业内部控制评价指标体系研究［J］．山西大学学报（哲学社会科学版），2005（6）：12-17.

［105］王煜宇，温涛．企业内部控制评价模型及运用［J］．统计与决策，2005（4）：131-132.

［106］吴秋生，杨瑞平．内部控制评价整合研究［J］．会计研究，2011（9）：55-97.

［107］薛澜，李宇环．走向国家治理现代化的政府职能转变：系统思维与改革取向［J］．政治学研究，2014（5）：61-70.

［108］薛澜．顶层设计与泥泞前行：中国国家治理现代化之路［J］．公共管理学报，2014，11（4）：1-139.

［109］薛有志，李国栋．多元化企业内部控制机制实现路径差异性研究——基于高阶梯队理论视角［J］．当代经济科学，2009，31（2）：85-127.

［110］杨兴龙，何国亮．内部控制服务地方政府性债务治理的逻辑和机理［J］．中央财经大学学报，2014（10）：63-69.

［111］杨兴龙，李昕月，曾晶．内部控制能够促进企业社会责任履行吗？基于典型商业贿赂案例的考察［J］．会计之友，2016（19）：82-84.

［112］杨兴龙，孙芳城，陈丽蓉．内部控制与免疫系统：基于功能分析法的思考［J］．会计研究，2013（3）：65-96.

［113］杨雄胜．内部控制范畴定义探索［J］．会计研究，2011（8）：46-96.

［114］应唯，张娟，杨海峰．政府会计准则体系建设中的相关问题及研究视角［J］．会计研究，2016（6）：3-94.

［115］俞可平．推进国家治理体系和治理能力现代化［J］．前线，2014（1）：5-13.

［116］俞楠，黄忠怀．英美两国政府内部控制暨行政督察制度研究——政治学与行政学的视角［J］．中国行政管理，2016（11）：126-132.

［117］张慧君，景维民．国家治理模式构建及应注意的若干问题［J］．社会科学，2009（10）：9-187.

［118］张琦，程晓佳．政府财务会计与预算会计的适度分离与协调：一种适合我国的改革路径［J］．会计研究，2008（11）：35-97.

［119］张琦，方恬．政府部门财务信息披露质量及影响因素研究［J］．会计

研究，2014（12）：53-96.

[120] 张庆龙. 审计监督与政府部门内部控制的有效运行 [J]. 中国内部审计，2012（8）：27-29.

[121] 张文显. 全面推进依法治国的伟大纲领——对十八届四中全会精神的认知与解读 [J]. 法制与社会发展，2015，21（1）：5-19.

[122] 张先治，刘媛媛. 企业内部报告框架构建研究 [J]. 会计研究，2010（8）：28-95.

[123] 张向达，程雷. 论西方社会保障的伦理嬗变及启示 [J]. 伦理学研究，2012（1）：54-141.

[124] 张向达，姜洋. 政府社会治理创新能力：定位、问题与对策 [J]. 学校党建与思想教育，2018（2）：14-17.

[125] 张向达，李宏. 社会保障与经济发展关系的思考——基于社会保障扩大内需作用的角度 [J]. 江西财经大学学报，2010（1）：52-58.

[126] 张向达，刘儒婷，胡鹏，等. 实现基本养老保险基金全国统筹路径探讨 [J]. 财经问题研究，2011（8）：60-65.

[127] 张向达，齐默达. 财政补贴对企业研发投入是激励还是枷锁？基于创业板上市公司经验数据分析 [J]. 辽宁大学学报（哲学社会科学版），2018，46（6）：36-45.

[128] 张向达，张超. "互联网+"视角下政府与市场边界调整及再平衡分析 [J]. 学习与探索，2018（10）：72-77.

[129] 张向达. 政府寻租及寻租社会的改革 [J]. 当代财经，2002（12）：9-12.

[130] 张兆国，张旺峰，杨清香. 目标导向下的内部控制评价体系构建及实证检验 [J]. 南开管理评论，2011，14（1）：148-156.

[131] 俞可平. 治理与善治 [M]. 北京：社会科学文献出版社，2000.

[132] 周守华，胡为民，林斌，等. 2012年中国上市公司内部控制研究 [J]. 会计研究，2013（7）：3-96.

[133] 周守华，刘国强. 会计越发展，社会越进步——充分发挥会计在经济社会发展中的作用 [J]. 会计研究，2014（1）：3-4.

[134] 周守华，徐玉德，刘国强，等. 缅怀会计大师谱写时代新篇——中国会计改革与发展2017学术论坛暨杨纪琬学术思想研讨会会议综述 [J]. 会计研究，2017（11）：26-30.

[135] 朱丹，周守华. 战略变革、内部控制与企业绩效 [J]. 中央财经大学学报，2018（2）：53-64.

［136］KOPP L S，ED O'DONNELL.The influence of a business-process focus on category knowledge and internal control evaluation ［J］.Accounting，Organizations and Society，2004，30（5）.

［137］ALBORNOZ F，CABRALES A.Decentralization，political competition and corruption ［J］.Journal of Development Economics，2013（105）.

［138］JAN K，BRUECKNER.Fiscal federalism and economic growth ［J］.Journal of Public Economics，2006，90（10）.

［139］GRAY A W，JENKINS I.Accountable management in British central government：some reflections on financial management initiative ［J］.Financial Accountability and Management，1986.

［140］SCHEDLER A.The self-restraining state：power and accountability in new democracies ［M］.Boulder：Lynne Rienner Publishers，1999.

［141］LIU J，LIN B.Government auditing and corruption control：evidence from China's provincial panel data ［J］.China Journal of Accounting Research，2012，5（2）：161-184.

［142］德鲁克.管理：使命、责任、实务 ［M］.王永贵，译.北京：机械工业出版社，2016.

［143］彼得斯.未来政府的治理模式 ［M］.吴爱明，译.北京：中国人民大学出版社，2001.

［144］靳文辉.弹性政府：风险社会治理中的政府模式 ［J］.中国行政管理，2012（6）：22-25.

［145］容志，胡象明.信息、弹性与治理：弹性政府的理论与实践 ［J］.兰州学刊，2009（2）：26-29.

［146］米勒，波格丹诺.布莱克维尔政治学百科全书 ［M］.邓正来，译.北京：中国政法大学出版社，2002：48.

［147］李文钊.公共组织决策理论：起源、模型与发展趋势 ［J］.管理世界，2006（12）：146-151.

［148］HERBERT A S.Administrative behavior：a study of decision-making process in administrative organizations ［M］.New York：The Free Press，1957.

［149］宋世明.优化政府组织结构：中国行政体制改革不可回避的关口 ［J］.理论探讨，2016（4）：9-15.

［150］孔凡宏.中美地方政府管理体制差异分析——基于组织架构、职能配置、运行体制的比较 ［J］.兰州学刊，2013（1）：198-201.

［151］杜倩博.政府部门内部机构设置的组织逻辑与整合策略——基于中美

差异性的比较分析［J］. 中国行政管理，2018（9）：111-117.

［152］任博. 从分工到整合：城市公共服务有效供给的内生逻辑与治理路径［J］. 天津社会科学，2019（5）：99-104.

［153］任中义. 新中国中央人民政府组织结构的人民性意蕴［J］. 毛泽东邓小平理论研究，2019（9）：47-108.

［154］BURNST E，Stalker G M.The management innovation［J］. Administrative Science Quarterly，1961，8（2）.

［155］GRIFFITH W I，Gray L N.The effects of external reinforcement on power structure in task oriented Groups［J］. Social Forces，1978，57（1）：222-235.

［156］KOLODNY H F.Evolution to a matrix organization［J］. Academy of Management Review，1979：543-553.

［157］PETERS，THOMAS J，WATERMAN，et al.In search of excellence［M］. New York：Harper & Row，1982.

［158］GOTTLIEB M R.The matrix organization reloaded：adventures in team and project management［M］. Connecticut：Praeger Publishers，2007.

［159］谢秋山，陈世香. 弥补而非打破官僚制：国家治理现代化背景下的任务型组织再认识［J］. 甘肃行政学院学报，2018（5）：11-125.

［160］王向民，李小艺，肖越. 当前中国的社会组织培育发展研究：从结构分析到过程互动［J］. 华东师范大学学报（哲学社会科学版），2018，50（6）：108-176.

［161］刘耀东，孟菊香. 当前中国行政改革中的现代性：构建与展望［J］. 中国行政管理，2018（9）：118-122.

［162］胡再勇，林桂军. 国家经济安全：OECD 的治理架构、政策措施及启示［J］. 国际经济合作，2014（12）：10-16.

［163］吴建雄，李春阳. 健全国家监察组织架构研究［J］. 湘潭大学学报（哲学社会科学版），2017，41（1）：37-45.

［164］徐娜. 从共谋到协同治理：一个治理体系现代化的演进路径——以武陵山区 W 镇政府组织架构调整为例［J］. 湖北民族学院学报（哲学社会科学版），2019，37（5）：86-93.

［165］诸凤娟，邵青. 府际关系调适下中心镇扩权改革的实践探索与优化路径——基于绍兴市的调查分析［J］. 浙江社会科学，2018（9）：141-160.

［166］张强，田杰. 关于我国高校现代管理会计人才胜任力建设的几点思考［J］. 经济师，2019（1）：193-194.

［167］陈永琴. 贵州省民办高职院校人力资源管理现状及对策研究［J］. 经

贸实践，2018（12）：324.

[168] 刘妍君，王婧. 公立医院内部监督协作体系建设 [J]. 现代医院，2019，19（5）：661-663.

[169] 刘冬根，许涛. 论行政检察监督与行政监察监督的分野与调适 [J]. 五邑大学学报（社会科学版），2019，21（4）：80-92.

[170] 乔沙，赵继军. 监察委员会体制下检察机关的职能分工及协调机制 [J]. 山西省政法管理干部学院学报，2018，31（2）：54-57.

[171] 宋寅初. 公共卫生管理的职能分工与优化策略研究 [J]. 临床医药文献电子杂志，2017，4（32）：6324.

[172] 李培炎，张景童，董倩. 公共卫生管理的职能分工与优化 [J]. 中国卫生产业，2019，16（2）：53-54.

[173] 张雨平. 试析公共卫生管理的职能分工及其优化对策 [J]. 智慧健康，2018，4（27）：21-22.

[174] 郑江艳. 公共卫生管理的职能分工与优化策略 [J]. 智慧健康，2018，4（20）：19-20.

[175] 齐长青. 浅谈公共卫生管理的职能分工与优化策略 [J]. 中国卫生产业，2018，15（3）：194-195.

[176] 任晓. 现代市场经济中的市场监管模式 [J]. 河北经贸大学学报，1997（3）：18-32.

[177] 罗福凯. 关于财政、财务和金融的职能定位问题研究 [J]. 东方论坛，2005（6）：75-86.

[178] 董黎明. 温州市域城镇体系规划构想 [J]. 地理学报，1987（3）：252-259.

[179] 陈航，栾维新，王跃伟. 首都圈内城市职能的分工与整合研究 [J]. 中国人口·资源与环境，2005（5）：19-23

[180] 卢明华，李国平，孙铁山. 东京大都市圈内各核心城市的职能分工及启示研究 [J]. 地理科学，2003（2）：150-156.

[181] 郭倩倩. 长三角城市群城市职能分工及互补性研究 [J]. 科技与管理，2017，19（1）：31-36.

[182] 李佳洺，孙铁山，李国平. 中国三大都市圈核心城市职能分工及互补性的比较研究 [J]. 地理科学，2010，30（4）：503-509.

[183] 张士海，骆乾. 坚持党对一切工作领导的理论内涵与实践路径 [J]. 东岳论丛，2019（12）：12-18

[184] 谭波. 党和国家机构改革的实践发展与理论回应 [J]. 学习论坛，

2019（10）：66-71.

　　［185］唐大鹏，吴佳美．公立慈善机构基金项目内部控制体系建设［J］．会计之友，2018（23）：94-100.

　　［186］刘国平，唐大鹏．教育部直属高校内部控制制度建设框架设计［J］．财会通讯，2019（32）：114-117.

　　［187］刘建胜．基于流程思维的岗位职责梳理模型开发与应用［J］．经营与管理，2019（10）：59-63.

　　［188］任博，孙涛．整体性治理视阈下我国城市政府公共服务职责划分问题研究［J］．东岳论丛，2018，39（3）：165-172.

　　［189］左华．基于岗位责任制建设的企业内部控制完善方法浅析［J］．全国流通经济，2018（33）：64-65.

　　［190］李阳．解析企业组织架构对内部控制活动的影响［J］．中外企业家，2019（28）：44-45.

　　［191］沈荣华．推进政府层级管理体制改革的重点和思路［J］．北京行政学院学报，2007（5）：1-5.

　　［192］弓颖．关于行政事业单位内部控制的现状与建议［J］．经济师，2019（1）：91-92.

　　［193］杨志云，殷培红，和夏冰．政府部门职责分工及交叉的公众感知：基于环境管理领域的分析［J］．中国行政管理，2015（6）：82-87.

　　［194］李勇，王喆．市政府部门间协调配合机制研究［J］．机构与行政，2013（3）：24-27.

　　［195］林俊达．政府部门职能交叉及其理顺对策初探［J］．广东行政学院学报，1999（4）：15-17.

　　［196］谭燕萍．我国政府部门职能交叉中的利益博弈分析［J］．学术论坛，2007（10）：57-61.

　　［197］沈荣华．找准政府职能转变的切入点［J］．中国党政干部论坛，2013（6）：20-22.

　　［198］孙志娟．从行政事业单位内部控制角度谈不相容岗位设置［J］．中国市场，2018（3）：122-123.

　　［199］黄锦鸿，薛皓月．完善行政事业单位内部控制建设的思考［J］．财经界：学术版，2019（15）：24-132.

　　［200］连洁．事业单位经济业务关键风险点内部控制的几点思考［J］．知识经济，2019（33）：69-71，73.

　　［201］陈敏．关于政府部门内部控制体系信息化建设的策略探究［J］．中国

中小企业，2019（7）：173-174.

［202］唐奕可．我国行政事业单位内部控制信息化建设研究［J］．经济研究导刊，2019（16）：77-78.

［203］徐琦．微博时代的政府治理模式转型分析［J］．中共南京市委党校学报，2014（3）：56-60.

［204］王浦劬．国家治理、政府治理和社会治理的含义及其相互关系［J］．国家行政学院学报，2014（3）：11-17.

［205］廖振民．大数据治理：传统政府治理的变革之道［J］．桂海论丛，2018，34（2）：114-119.

［206］LIRANEINAV，JONATHAN D l.The data revolution and economic analysis［J］．NBER Working Paper，2013（5）：1-24.

［207］BELLAZZI R，DAGLIATI A，SACCHI L，et al.Big data technologies：new opportunities for diabetes management［J］．Journal of Diabetes Science and Technology，2015，9（5）：1119-1125.

［208］陈建华，曾春莲．地方财政治理中大数据运用研究——以地方政府内部控制为例［J］．北京行政学院学报，2019（6）：47-54.

［209］孙业辉．行政事业单位内部控制信息系统建设构想［J］．产业与科技论坛，2015，14（15）：227-228.

［210］俞可平．政治学教程［M］．北京：高等教育出版社，2010，238-260.

［211］许耀桐．改革和完善政府决策机制研究［J］．理论探讨，2008（3）：1-7.

［212］黄健荣．决策理论中的理性主义与渐进主义及其适用性［J］．南京大学学报（社会科学版），2002（1）：55-62.

［213］毕功兵，黄正伟，刘作仪．中国决策理论与方法研究的资助与进展分析［J］．管理学报，2014，11（3）：337-343.

［214］王今朝．决策行为的经济学理论辨析及其逻辑演进［J］．科技进步与对策，2006（6）：138-140.

［215］周光辉．当代中国决策体制的形成与变革［J］．中国社会科学，2011（3）：101-222.

［216］池国华，王会金．内部控制在现代国家治理中的角色定位与作用机制［J］．财经问题研究，2019（1）：99-104.

［217］罗依平．深化我国政府决策机制改革的若干思考［J］．政治学研究，2011（4）：35-43.

［218］王军. 健全我国行政决策机制的若干问题［J］. 中共中央党校学报，2006（1）：81-85.

［219］NEUMANNJ V，MORGENSTERN O.Theory of games and economic behavior.Princeton［M］. NJ：Princeton University Press，1944.

［220］SIMON H A.A behavioral model of rational choice［J］. Quarterly Journal of Economics，1955，69（1）：99-118.

［221］PALDA，FILIP.A Better Kind of Violence：Chicago Political Economy，Public Choice，and the Quest for an Ultimate Theory of Power［M］. Kingston：Cooper-Wolfling Press，2016.

［222］LINDBLOM C E.The Science of "Muddling Through"［J］. Public Administration Review，1959（19）.

［223］张泰峰，READER E.公共管理学［M］. 郑州：郑州大学出版社，2004：91.

［224］钱玉英，钱振明. 制度建设与政府决策机制优化：基于中国地方经验的分析［J］. 政治学研究，2012（2）：80-90.

［225］梁华. 政府行政决策如何更合民意顺民心［J］. 人民论坛，2017（5）：62-63.

［226］石亚军. 实现政府科学决策机制的根本转变［J］. 中国行政管理，2006（10）：10-13.

［227］杨剑，夏露露. 地方政府经济决策中的羊群效应：行为分析与治理［J］. 经济体制改革，2017（1）：26-31.

［228］唐大鹏，于洪鉴. 基于风险导向的行政事业单位内部控制研究［J］. 管理现代化，2013（6）：66-68.

［229］梁波. 我国服务型政府决策机制存在的问题及对策研究［J］. 理论探讨，2016（6）：35-39.

［230］熊光清. 中国决策机制能够集中力量办大事［J］. 人民论坛，2017（16）：20-21.

［231］罗依平，胡上. 论政府决策机制优化与和谐社会建设［J］. 湘潭大学学报（哲学社会科学版），2010，34（1）：10-13.

［232］梁志峰，左宏，彭鹏程. 基于大数据的政府决策机制变革：国家治理科学化的一个路径选择［J］. 湖南社会科学，2017（3）：118-125.

［233］LI H，SUEN W.Delegating Decisions to Experts［J］. Journal of Political Economy，2004，112（1）.

［234］CRIPPS M W，MAILATH G J，SAMUELSON L.Imperfect Monitoring and Impermanent Reputations ［J］. Econometrica，2004，72（2）：407-32.

［235］HIRSCHMAN，ALBERT. Exit，voice and loyalty［M］. Cambridge：Harvard University Press，1970.

［236］KAHNEMAN D，TVERSKY A.On the Psychology of Prediction［J］. Psychological Review，1973（80）.

［237］余礼信. 让党组运转：保障重大决策的科学化、民主化与合法化［J］. 中共天津市委党校学报，2016（4）：16-22.

［238］唐大鹏，常语萱. 政府内部控制、政府财务信息与政府公信力［J］. 财政研究，2018（1）：112-123.

［239］范柏乃，金洁. 公共服务供给对公共服务感知绩效的影响机理——政府形象的中介作用与公众参与的调节效应［J］. 管理世界，2016（10）：50-188.

［240］江国华，梅扬. 论重大行政决策专家论证制度［J］. 当代法学，2017，31（5）：50-59.

［241］王仰文. 重大行政决策合法性审查问题研究［J］. 理论月刊，2012（1）：99-103.

［242］赵娜，方卫华. 重大行政决策的集体讨论决定制度研究［J］. 北京航空航天大学学报（社会科学版），2014，27（1）：19-24.

［243］谷志军，陈科霖. 当代中国决策问责的内在逻辑及优化策略［J］. 政治学研究，2017（3）：52-127.

［244］石佑启. 以转变政府职能为纲 推进法治政府建设［J］. 学术研究，2019（10）：1-177.

［245］中国行政管理学会、南京大学、江苏省行政管理学会联合课题组，高小平，孔繁斌. 政府履行职能方式的改革和创新［J］. 中国行政管理，2012（7）：7-11.

［246］覃莹. 政府依法履职是建设法治政府的关键［J］. 法制与社会，2016（36）：152-153.

［247］张丽新. "三张清单"推进政府履职尽责［J］. 北方经贸，2016（10）：28-29.

［248］张小芳. 地方政府职能履行的法律需求、供给及优化路径研究［D］. 杭州：浙江大学，2018.

［249］顾杰，张述怡. 我国地方政府的第五大职能——生态职能［J］. 中国行政管理，2015（10）：43-46.

［250］田穗生. 国家的两种职能及其关系［J］. 社会科学，1984（4）：22-24.

［251］荣敬本. 经济社会体制的比较研究和苏联东欧国家政府职能演变的趋势［J］. 政治学研究，1986（5）：33-40.

［252］张康之. 政府职能模式的三种类型［J］. 广东行政学院学报，1999（4）：11-14.

［253］吴卫生. 关于国家职能的含义及分类的若干不同观点［J］. 社会主义研究，1986（5）：62-63.

［254］郭小聪. 论国家职能与政府职能［J］. 中山大学学报（社会科学版），1997（2）：22-27.

［255］刘作翔. 市场经济条件下政府职能的几个问题——兼议政府职能的法制化［J］. 政法论坛，1994（1）：73-77，87.

［256］沈荣华. 关于转变政府职能的若干思考［J］. 政治学研究，1999（4）：54-60.

［257］朱光磊. 中国政府职能转变问题研究论纲［J］. 中国高校社会科学，2013（4）：145-155，159.

［258］邓雪琳. 改革开放以来中国政府职能转变的测量——基于国务院政府工作报告（1978—2015）的文本分析［J］. 中国行政管理，2015（8）：30-36.

［259］马英娟. 公共服务：概念溯源与标准厘定［J］. 河北大学学报（哲学社会科学版），2012，37（2）：75-80.

［260］马英娟. 监管的概念：国际视野与中国话语［J］. 浙江学刊，2018（4）：49-62.

［261］SHAH A，SHAH S.The New Vision of Local Governance and the Evolving Roles of Local Governments［J］. Journal of Public Administration，2009，10（9）：20.

［262］Deacon E.Globalism and Social Policy Programme［C］. Helsinki：Global Social Governance-Themes and Prospects，2003.

［263］王成勇. 正确履行政府职能 更好发挥政府作用［N］. 甘肃日报，2013-11-26.

［264］石亚军，赵鹏. 建立健全全面正确履行政府职能的法治保障［J］. 行政管理改革，2014（5）：26-32.

［265］贾庆. 我国企业内部控制制度的发展与完善［D］. 上海：复旦大学，2012.

［266］马长山. 公共政策合法性供给机制与走向——以医改进程为中心的考察［J］. 法学研究，2012，34（2）：20-36.

［267］贺东航，孔繁斌. 中国公共政策执行中的政治势能——基于近20年

农村林改政策的分析［J］. 中国社会科学，2019（4）：4-204.

［268］薛澜，赵静. 转型期公共政策过程的适应性改革及局限［J］. 中国社会科学，2017（9）：45-206.

［269］张凤玲. 行政事业单位国有资产管理现状分析及对策研究［J］. 财会研究，2008（6）：22-28.

［270］章辉，张翼飞. OECD发达国家政府采购管理经验与启示［J］. 地方财政研究，2018（9）：99-107.

［271］蒋悟真. 中国预算法实施的现实路径［J］. 中国社会科学，2014（9）：125-206.

［272］杨梅. 我国公务员工资制度的探索与实践：制度特征、问题及改革思路［J］. 中国行政管理，2019（8）：105-110.

［273］彭中礼. 规范性文件制定过程中的法律风险及其防范［J］. 行政与法，2014（8）：77-84.

［274］杨依卓，梁立宽. 内控视阈下高校科研合同管理的法律风险与防控［J］. 法制与社会，2019（25）：159-160，163.

［275］王金平. 完善内部控制管理，夯实单位法律保障基础［J］. 财经界，2018（12）：70-71.

［276］陈玲，薛澜. "执行软约束"是如何产生的？揭开中国核电谜局背后的政策博弈［J］. 国际经济评论，2011（2）.

［277］周雪光，练宏. 中国政府的治理模式：一个"控制权"理论［J］. 社会学研究，2012（5）.

［278］周雪光. 基层政府间的"共谋现象"——一个政府行为的制度逻辑［J］. 社会学研究，2008（6）.

［279］林梅. 环境政策实施机制研究——一个制度分析框架［J］. 社会学研究，2003（1）.

［280］刘瑞，马海群. 基于证据的开放政府数据政策制定研究［J］. 现代情报，2019，39（7）：128-152.

［281］陈玲，赵静，薛澜. 择优还是折衷？转型期中国政策过程的一个解释框架和共识决策模型［J］. 管理世界，2010（8）：59-187.

［282］张一鸣. 公共政策制度应与国家治理现代化相适应［N］. 中国经济时报，2019-11-12.

［283］王法硕. 公民网络参与公共政策过程研究［D］. 上海：复旦大学，2012.

［284］薛澜，陈玲. 中国公共政策过程的研究：西方学者的视角及其启示

［J］. 中国行政管理，2005（7）：99–103.

［285］张小明. 内部输入：解读当代中国公共政策制定的输入机制［J］. 宁夏社会科学，2000（5）：21–25.

［286］王雁红. 公共政策制定中的公民参与——基于杭州开放式政府决策的经验研究［J］. 公共管理学报，2011，8（3）：24–124.

［287］王建军，唐娟. 论公共政策制定中的公民参与［J］. 四川大学学报（哲学社会科学版），2006（5）：57–89.

［288］朱世欣. 网络公众参与对公共政策制定的影响［J］. 河南财政税务高等专科学校学报，2018，32（6）：26–32.

［289］王洛忠. 我国转型期公共政策过程中的公民参与研究——一种利益分析的视角［J］. 中国行政管理，2005（8）：86–88.

［290］孙君明. 行政机关：要高效运转，不要高速"空转"［J］. 探索与争鸣，2001（10）：19–20.

［291］刘少松. 公共行政管理理论的创新和发展分析［J］. 中国管理信息化，2019，22（6）：200–201.

［292］郑彦. 现代西方组织管理理论综述［J］. 现代企业，2007（11）：31–32.

［293］孙悦民. 马克思主义"行政价值观"的中国化及其发展［J］. 中共宁波市委党校学报，2014，（5）.

［294］李宗楼. 列宁的社会主义国家行政管理思想浅探［J］. 安徽大学学报（哲学社会科学版），1992，（1）.

［295］张成福，李丹婷，李昊城. 政府架构与运行机制研究：经验与启示［J］. 中国行政管理，2010（2）：10–18.

［296］张维平. 行政管理体制运行机制的创新路径［J］. 领导科学，2010（11）：28–30.

［297］沈荣华，孙庆国. 优化政府工作流程和运行机制的若干思考［J］. 中国行政管理，2014（6）：32–33.

［298］孟德斯鸠. 论法的精神（上）［M］. 张彦深，译. 北京：商务印书馆，1961.

［299］王巍，刘剑文. 论西方政府职能过程的中心转移——简论对深化我国行政改革的有益启示［J］. 广东青年干部学院学报，2005，（12）.

［300］信春鹰，张烨. 全球化结社革命与社团立法［J］. 法学研究，1998（3）.

［301］奥斯本，普拉斯特里克. 摒弃官僚制：政府再造的五项战略［M］.

潭功荣，刘霞，译．北京：中国人民大学出版社，2002：3．

［302］洪霖．关于地方行政机关后勤管理改革探讨［J］．商，2015（12）：102．

［303］谭静．机关后勤改革的思路调整和路径选择［J］．经济研究参考，2014（3）：27-28．

［304］张明知．浅谈促进机关事务工作和谐发展的几点看法［J］．社会科学家，2006（S2）：27-28．

［305］胡仙芝，马敬萱．论我国建设节约型机关的体制改革途径［J］．新视野，2011（5）：56-58．

［306］王德．大力推进机关事务治理体系和治理能力现代化［J］．中国行政管理，2017（3）：6-10．

［307］俞可平．加强标准化建设以推进国家治理现代化［N］．社会科学报，2016-06-02．

［308］陶雪良．论机关事务工作的高质量发展［J］．中国行政管理，2018（3）：6-7．

［309］朱呈义，荣颖．推进我国机关事务标准化建设——美国机关事务标准化的启示［J］．中国行政管理，2018（3）：15-18．

［310］奥斯本，盖布勒．改革政府：企业家精神如何改革着公共部门［M］．周敦仁，等译．上海：上海译文出版社，1996：379．

［311］KAPLAN. R，NORTON D. The Balanced Scorecard ［M］．Cambridge MA：Harvard Business Press，1996．

［312］刘家真．电子政务背景下的公文管理［J］．图书情报知识，2007（2）：60-64．

［313］陈国兰．基于情感词典与语义规则的微博情感分析［J］．情报探索，2016（2）：1-6．

［314］王华栋，饶培伦．基于搜索引擎的中文分词评估方法［J］．情报科学，2007（1）：108-112．

［315］化柏林．知识抽取中的停用词处理技术［J］．现代图书情报技术，2007（8）：48-51．

［316］郭艳．公开与保密：政府信息制度战略平衡研究［J］．情报杂志，2018，37（5）：141-145，194．

［317］宋军．关于信息公开与保密问题的思考［J］．中共山西省委党校学报，2005（3）：39-41．

［318］朱建贞．中国行政管理制度创新与行政档案管理工作［J］．湖北大学

学报（哲学社会科学版），2001（6）：118-120.

[319] 施彦军. 政府信息公开视域下当代中国档案管理制度的若干思考 [J]. 档案与建设，2017（10）：30-33.

[320] 余少祥. 关于机关事务管理体制改革的若干思考 [J]. 中国行政管理，2019（3）：30-33.

[321] 杨钰. 我国政府人力资源管理存在的问题及战略思考——以新现代泰罗主义的视角 [J]. 领导科学，2012（12）.

[322] 赵源. 地方政府人力资源管理系统对政府绩效的影响研究 [J]. 行政论坛，2018（9）.

[323] 盖宏伟，贺伟艺. 探析政府人力资源管理——从文化与人力资源管理的关系角度 [J]. 科技管理研究，2009（2）.

[324] 张百舸. 现代人力资源管理视角下的政府官员选任制度改革 [J]. 中国人力资源开发，2015（10）.

[325] 张蕾蕾. 政府部门内部控制规范体系构建 [J]. 财会通讯，2016（2）.

[326] 胡晓雁. 基层央行内部控制体系建设中的人力资源管理问题与对策 [J]. 武汉金融，2009（11）.

[327] HOOD C.A Public Management for all Seasons [J]. Public Administration，1991，69（1）.

[328] OSWICK C.Grant D.Personnel Management in the Public Sector [J]. Personnel Review，1996，25（2）.

[329] FARNHAM D，Giles L.People Management and Em-ployment Relations [M]. London：Pal grave Macmillan，1993.

[330] 赵源. 新时代地方政府人力资源管理评价体系研究 [J]. 中国行政管理，2019（5）.

[331] 张丽娜. 论政府机关人力资源管理的瓶颈研究 [J]. 中国人才，2011（7）.

[332] 刘昕，李开龙. 论胜任能力管理与中国政府人力资源管理转型 [J]. 教学与研究，2017（8）.

[333] 张星，马朝阳. 我国政府公共行政管理中人力资源管理变革模式 [J]. 未来与发展，2008（9）.

[334] 王巍巍. 政府部门人力资源管理基点研究 [J]. 商业时代，2008（8）.

[335] SELDEN S C，INGRAHAM P W，JACOBSON W.Human resource prac-

tices in state government： findings from a national survey ［J］. Public Administration Review, 2001, 61（5）：598-607.

［336］BROWN K. Evaluating equity outcomes in state public sectors： a comparison of three housing agencies ［J］. Australian Journal of Public Administration, 1997, 56（4）：57-66.

［337］MESCH D J, PERRY J L, WISE L R.Bureaucratic and Strategic Human Resource Management： An Empirical Comparison in the Federal Government ［J］. Journal of Public Administration Research and Theory, 1995（4）：385-402.

［338］李秀忠. 政府关系与政府公共关系 ［J］. 山东师范大学学报（人文社会科学版），2006（6）：145-149.

［339］陈永杰，谢昕. 论有效政府公共关系的内在逻辑——基于合法性理论的视角 ［J］. 中国地质大学学报（社会科学版），2013（S1）：8-10.

［340］张宝生，祁晓婷. 我国政府公共关系研究的演进路径及热点主题的可视化分析 ［J］. 图书情报工作，2017，61（S1）：122-126.

［341］王海英，谢文妹，赵凤梅，等. 论政府公共关系的价值与模式 ［J］. 商业时代，2007（24）：4-5.

［342］廖为建，熊美娟. 政府公共关系的公共性视野 ［J］. 国际新闻界，2007（12）：22-27.

［343］吴玉宗. 提升政府公共关系水平研究 ［J］. 社会科学研究，2012（2）：38-43.

［344］BENOIT W L, BRINSON S L.Queen Elizabeth's image repair discourse： insensitive royal or compassionate queen ［J］. Public Relations Review, 1999, 25（2）：145-156.

［345］COOMBS W T, HOLLADAY S J.Helping crisis managers protect reputational assets： initial tests of the situational crisis communication theory ［J］. Management Communication Quarterly, 2002, 16（2）：165-186.

［346］高慧军，黄华津. 新时代我国政府公共关系优化研究 ［J］. 中国行政管理，2019（6）：16-21.

［347］DEACON D, GOLDING P.Taxation and representation： the media, political communication and the poll tax ［M］. London：John Libbey, 1994：4.

［348］刘梦琴，刘智勇. 论政府公共关系的基本原则 ［J］. 软科学，2012，26（1）：59-67.

［349］陆季春. 论金融危机下政府危机公关的策略及方式 ［J］. 企业经济，2010（4）：89-92.

［350］高猛．公共危机下的政府公共关系［J］．湖北社会科学，2008（4）：35-38.

［351］郭起浪．浅谈公共危机中的政府公共关系［J］．中国市场，2006（26）：86.

［352］吕瑛．公共危机管理中的政府公关能力体系［J］．内蒙古大学学报（人文社会科学版），2006（2）：59-62.

［353］王梁．网络时代的公共关系［J］．现代传播（中国传媒大学学报），2012，34（7）：165-166.

［354］侯伟．网络时代政府公共关系构建［J］．人民论坛，2010（36）：38-39.

［355］温志强，高静．政务新媒体在政府公共关系中的应用［J］．传媒，2019（10）：50-52.

［356］曹健敏．政务微博在政府公共关系建构中的作用［J］．新闻战线，2015（11）：103-105.

［357］曹健敏．政府微博在政府公共关系建构中制约面思考和对策分析［J］．新闻知识，2011（11）：43-45.

［358］张宁．官员个人微博：一种政府公共关系角度的考察——以三个政府官员个人微博为中心［J］．现代传播（中国传媒大学学报），2012，34（7）：100-104.

［359］高雁．我国政府公共关系传播与媒体路径纠偏［J］．当代传播，2013（4）：19-58.

［360］利普塞特．政治人：政治的社会基础［M］．刘钢敏，等译．北京：商务印书馆，1993.

［361］ALAGAPPA M.Political legitimacy in Southeast Asia—the quest for moral authority［M］．Stanford：Stanford University Press，1995.

［362］孔建华．政府网络舆情分析研判及应对规程研究［J］．福建论坛（人文社会科学版），2019（5）：165-172.

［363］于海婷．大数据时代地方政府的网络舆情监管［J］．青年记者，2019（11）：34-35.

［364］王敬波，李帅．我国政府信息公开的问题、对策与前瞻［J］．行政法学研究，2017（2）：77-93.

［365］马奔，毛庆铎．大数据在应急管理中的应用［J］．中国行政管理，2015（3）：136-151.

［366］张维平．应急管理中政府与媒体协调机制的完善与创新［J］．政治学

研究，2012（3）：105-119.

［367］张弘力. 深化预算管理制度改革建立财政资金分配使用新机制［J］. 中国财政，2004（11）：11-14.

［368］吉富星. 完善财政专项资金绩效管理的建议［J］. 中国财政，2015（12）：44-45.

［369］黎旭东，危然. 以竞争性方式实现财政资金的绩效管理——广东省"双转移"专项资金分配的实践案例分析［J］. 财政研究，2010（2）：18-22.

［370］许航敏. 财政竞争性分配：以有效竞争提升财政资金绩效［J］. 地方财政研究，2014（9）：31-46.

［371］李萍. 公共支出绩效考评制度：提高财政资金分配使用有效性的途径［J］. 中国财政，2004（11）：18-20.

［372］王银梅，张亚琼. 完善预算管理制度优化我国财政支出结构［J］. 宏观经济研究，2014（6）：29-62.

［373］王静，包翰林. 国家审计是否带来了财政资金安全？——来自地方审计机关的经验证据［J］. 南京审计大学学报，2018，15（6）：10-19.

［374］樊继达. 国有资产监管［D］. 北京：中共中央党校，2006.

［375］袁永宏. 加强人大监督　管好国有资产［J］. 北京人大，2019（11）：38-39.

［376］张呈呈. 新形势下行政事业单位国有资产管理分析［J］. 才智，2019（33）：250.

［377］国有资产管理监督和营运体制改革调研组. 国外有关国家国有资产监管和营运体系比较［J］. 经济研究参考，1996（D1）：25-35.

［378］何碧萍. 公共经济视角下的国有资产管理改革研究［D］. 石家庄：河北师范大学，2019.

［379］周建军. 比较视野的"大国资"监管：国家能力、监管机制与实践借鉴［J］. 政治经济学评论，2013，4（1）：161-180.

［380］顾功耘. 论国资国企深化改革的政策目标与法治走向［J］. 政治与法律，2014（11）：80-87.

［381］郭春丽. 国有资产管理体制改革的总体思路和实现路径［J］. 宏观经济管理，2014（10）：18-23.

［382］贺清龙. 国外国有资产管理经验与启示之六——国外国有资产管理经验和启示［J］. 中国监察，2007（21）：39.

［383］冯烨，董娟. 助力国企改革：国有资产管理体制的完善——以出资权利与监管权力的分离为重点［J］. 发展改革理论与实践，2018（3）：44-26.

［384］林自新. 盘活存量 用好增量 实现国有资产的优化配置［J］. 福建财会管理干部学院学报，1998（1）：6-8.

［385］蓝凤壮. 行政事业单位资产配置、使用、处置管理有关问题研究［J］. 行政事业资产与财务，2013（24）：79-80.

［386］王冬梅. 国有资产经营集团对外投资管理分析［J］. 行政事业资产与财务，2017（18）：6-7

［387］袁黎黎. 关于中央级事业单位国有资产出租出借管理的几点政策性思考［J］. 现代商业，2017（1）：179-180.

［388］赵永亮，邢旭宁，任金妮，等. 运用互联网+技术实现高校资产清查盘点的探索与实践［J］. 实验室研究与探索，2019，38（4）：264-290.

［389］张晋. 国有企业资产处置问题分析及完善建议［J］. 财经界：学术版，2019（17）：78.

［390］李明霞. 国有资产处置中的资产评估机制［J］. 企业改革与管理，2010（8）：29-30.

［391］赵春彦. 事业单位资产清查及管理工作的相关探讨［J］. 财经界：学术版，2019（22）：71-72.

［392］张菁菁，黄光，姚维保. 大数据环境下行政事业资产使用绩效评价体系构建与应用［J］. 地方财政研究，2018（9）：59-67.

［393］杨灿明，李景友. 政府采购问题研究［M］. 北京：经济科学出版社，2004：6.

［394］王文庚. 政府采购政策功能研究［D］. 北京：财政部财政科学研究所，2012.

［395］KHI V'THAI，GRIMM R. Government procurement：past and current developments［J］. Journal of Public Budgeting（Accounting & Financial Management），2000，12（2），231-247.

［396］ROTHERY R. China's legal framework for public procurement［J］. Journal of Public Procurement，2003（3），370-388.

［397］马国贤. 论政府采购的制度建设［J］. 浙江学刊，1999（1）：36-37.

［398］曹国富. 政府采购法主体之比较研究——兼谈我国政府采购法主体之立法对策［J］. 法学，2000（7）：43-44.

［399］李安泽. 政府采购规模与效率研究［D］. 武汉：华中科技大学，2004.

［400］章辉. 政府采购风险及其控制［M］. 北京：中国财政经济出版社，2009.

［401］拉夫，梯若尔. 政府采购与规制中的激励理论［M］. 石磊，王永钦，译. 上海：上海人民出版社，2004.

［402］张家瑾. 我国政府采购市场开放研究［M］. 北京：对外经贸大学出版社，2008：3-4.

［403］张满红. 基于内部审计视角的事业单位内部控制制度研究［J］. 纳税，2019，13（28）：193-194.

［404］陈通，任登魁，朱玲玲. 我国政府投资项目管理新机制的实践与创新研究［J］. 管理世界，2015（4）：178-179.

［405］任旭，刘延平. 构建政府投资建设项目后评价机制研究［J］. 中国行政管理，2010（3）：67-69.

［406］黄霆，申立银，赵振宇，等. 我国政府投资项目管理的现状分析［J］. 建筑经济，2005（1）：16-20.

［407］XIA B，ALBERT P C，CHAN.Key Competences of design-build clients in China［J］. Journal of Facilities Management，2010，8（2）114-129.

［408］王宾，周佩. 基于"3+X"风险管理模式论政府投资项目建设［J］. 管理世界，2012（4）：173-174.

［409］陈川生，王子晗，李显冬. 论公共资源交易契约的法律属性［J］. 中国政府采购，2019（2）：70-74.

［410］卓越，陈招娣. 加强公共资源管理的四维视角［J］. 中国行政管理，2017（1）：6-10.

［411］BOYCE G，DAVID C.Conflict of interest in policing and the public sector，ethics，integrity and social accountability［J］. Public Management Review，2009（5）：601-640.

［412］雷玉川. 公共资源交易市场存在的问题及对策［J］. 招标采购管理，2014（3）：34-35.

［413］蔡小慎，刘存亮. 公共资源交易领域利益冲突及防治［J］. 学术界，2012，（3）：47-54.

［414］JURICH J.International approaches to conflicts of interest in public procurement：a comparation review［J］. EPPPL，2012（4）：242-257.

［415］公婷. 利益冲突管理的理论与实践［J］. 中国行政管理，2012（10）：96-100.

［416］赵宏伟. 深化"放管服"改革 优化区域营商环境［J］. 中国行政管理，2019（7）：21-23.

［417］CORDELLA A，PALETTI A.Government as a platform，orchestration， and public value creation：The Italian case ［J］. Government Information Quarterly，2019，36（4）.

［418］KLIEVINK B，BHAROSA N，TAN Y H.The collaborative realization of public values and business goals：Governance and infrastructure of public-private information platforms ［J］. Government Information Quarterly，2016，33（1）：67-79.

［419］李锋. 不忘深化改革初心 创新发展交易平台——公共资源交易平台建设内容和方法探析 ［J］. 中国政府采购，2019（7）：41-43.

［420］蔡小慎，牟春雪. 基于利益相关者理论的公共资源交易领域利益冲突治理路径分析 ［J］. 理论探讨，2016（6）：149-154.

［421］谢红星. 营商法治环境评价的中国思路与体系——基于法治化视角 ［J］. 湖北社会科学，2019（3）：138-147.

［422］王丛虎，马文娟，卫小淇. 我国公共资源交易平台的演进及发展趋势 ［J］. 招标采购管理，2019（9）：32-34.

［423］宋林霖，赵宏伟. 论"放管服"改革背景下地方政务服务中心的发展新趋势 ［J］. 中国行政管理，2017（5）：148-151.

［424］王晓鹏，卫小淇，王丛虎. "互联网+"视角下我国整合建立统一的公共资源交易平台策略研究 ［J］. 电子政务，2019（11）：82-90.

［425］闻璋. "互联网+"公共资源交易平台任重道远 ［J］. 中国招标，2019（30）：11-13.

［426］宋建峰. 基于大数据技术的建设工程招投标全过程监管体系构建 ［J］. 建筑市场与招标投标，2019（4）：54-59.

［427］成协中. 借交易平台整合实现更有效率更高质量的监管 ［N］. 中国政府采购报，2019-09-06.

［428］张文显. 法治与国家治理现代化 ［J］. 中国法学，2014（4）：5-27.

［429］石佑启，杨治坤. 中国政府治理的法治路径 ［J］. 中国社会科学，2018（1）：66-89，205-206.

［430］高晓燕. 论中介机构对风险投资发展的影响 ［J］. 现代财经，2003（9）：24-27.

［431］吴勋，张晓岚. 风险管理导向的公共事业部门内部控制问题研究 ［J］. 管理现代化，2010（5）：8-50.

索 引